Poprád
BÁRTFA
(fürdő)
Tarcza
EPERJES
Tapoly
Ondava
Ung
UNGVÁR
Latorca
Hernád
TOKAJ
MISKOLC
Tisza
MÁRAMAROSSZIGET
Kraszna
Szamos
Dnyeszter
Prut
Szeret
Moldova
Besztercze
Berettyó
Sebes-Körös
SZAMOSÚJVÁR
KÖRÖSLADÁNY
PÜSPÖKFÜRDŐ
GYOMA
KOLOZSVÁR
Fekete-Körös
BÉKÉS
GYULA
ROSHÁZA
MAROSVÁSÁRHELY
Maros
PARAJD
Fehér-Körös
DICSŐSZENTMÁRTON
ÖDMEZŐVÁSÁRHELY
ERZSÉBETVÁROS
ARAD
Maros
BERECK
Olt
ELŐPATAK
KOVÁSZNA
Béga
NAGYBECSKEREK
NAGYKÁROLYFALVA
Vaskapu
Morava

GEDENKEN AN

# KÖNIGIN ELISABETH

AUF ANSICHTSKARTEN

# GEDENKEN AN
# KÖNIGIN ELISABETH

## AUF ANSICHTSKARTEN

KOSSUTH KIADÓ / BUDAPEST

Von
Zsuzsanna Farkas, Marianna Kaján und Éva Marianna Kovács

Zusammenstellung des Bildmaterials:
Marianna Kaján und Éva Marianna Kovács

Lektor:
Anita Szarka

Karte:
Gábor Lieber

Gestaltung und Layout:
Vera Köböl

Lektorat:
Mária Hitseker

Deutsche Übersetzung:
Piroska Draskóczy

ISBN 978-963-09-5620-8

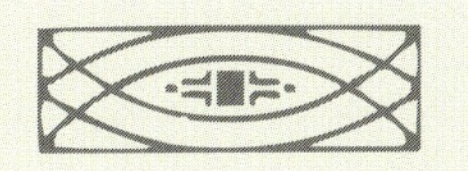

# INHALT

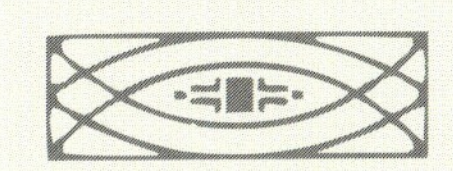

# KAISERIN UND KÖNIGIN ELISABETH UND UNGARN

Ende des 19. Jahrhunderts gehörte Kaiserin Elisabeth (1837–1898), Königin Ungarns, zu den Persönlichkeiten, die das ungarische Volk besonders liebte und achtete. Ein Zeichen für den Zauber, der ihre Person umgab, war die Tatsache, dass ihr zu Ehren bereits im Jahre ihres Todes und als Erstes in der gesamten österreichisch-ungarischen Monarchie in dem Ort Bereck im ungarischen Komitat Háromszék (heute Rumänien) eine Gedenksäule errichtet wurde. Die Ungarn betrachteten ihre Königin als Schutzengel ihres Landes und waren stolz darauf, dass sie Ungarisch sprach und gerne die Gedichte Sándor Petőfis, die Romane Mór Jókais und die historischen Arbeiten Mihály Horváths las. Sie freuten sich, dass sie oft in der Burg Buda und noch öfter im Schloss Gödöllő weilte. Ihre Zuneigung gegenüber Elisabeth brachten sie bereits 1867 bei der Krönung zum Ausdruck, indem sie das Herrscherpaar – anders als üblich – am selben Tag in der Kirche der Jungfrau Maria (Matthiaskirche) in Buda krönten. Königin Elisabeth wählte bewusst Ungarn für ihr Gefolge aus: Ihre Vorleserin Ida Ferenczy stammte aus Kecskemét, ihr Oberhofmeister Baron Ferenc Nopcsa aus Siebenbürgen, und mehrere ihrer Hofdamen stammten ebenfalls aus ungarischen Adelsfamilien. Elisabeth nutzte auch den Umstand aus, dass am Wiener Hof kaum jemand die ungarische Sprache beherrschte, die ihr somit, ebenso wie ihre Spaziergänge im Wald von Gödöllő, eine gewisse Freiheit bot. Elisabeth spielte eine bedeutende Rolle als Vermittlerin im Ausgleich zwischen Österreich und Ungarn. Über Ida Ferenczy korrespondierte sie mit Ferenc Deák, Graf Gyula Andrássy, Baron József Eötvös und später mit dem König über wichtige Fragen bezüglich der Zukunft Ungarns. Nach 1867 mischte sie sich nicht mehr in die große Politik ein, doch bei den Jagden in Gödöllő war die ungarische Aristokratie bei ihr zu Gast. Außer in Budapest und in der Umgebung von Gödöllő besuchte sie nicht allzu viele Orte in Ungarn, verbrachte jedoch angenehme Wochen in Herkulesfürdő (heute Băile Herculane, Rumänien) und in Bártfafürdő (heute Bardejovské Kúpele, Slowakei), wo sie ebenfalls die stille Zuneigung des ungarischen Volkes spüren konnte: Man ließ sie sich ungestört erholen. Ein Zeichen ihrer zunehmenden Popularität war auch, dass die ungarischen Zeitungen über all ihre Reisen, ihren Gesundheitszustand sowie ihre täglichen Unternehmungen, Ausflüge, bravourösen Reitkünste und ihre Jagden berichteten.

*Die Krönung Franz Josephs und Königin Elisabeths in der Matthiaskirche am 8. Juni 1867*

# DER ELISABETHKULT

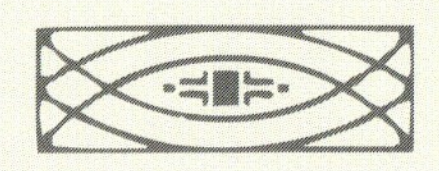

Um die Königin rankten sich schon zu ihren Lebzeiten Legenden, vor allem was ihre Liebe zu den Ungarn, ihre Freundlichkeit, die von ihr gewährte Hilfe und ihr gutes Herz betraf. Diese Legenden entstanden nicht nur in der mündlichen Überlieferung des Volkes, sondern auch in den Schriften von Journalisten und Schriftstellern wie Miksa Falk, Mór Jókai und Elek Benedek. Nach ihrem tragischen Tod blühte der Elisabethkult ganz besonders in Ungarn. Es fanden Gedenkfeiern mit hehren Reden statt, die dann auch in gedruckter Form veröffentlicht wurden, und es erschien eine ganze Reihe von Biografien und biografisch inspirierten Romanen.

Die stärksten Elemente des Kults entsprangen aus ihrer Persönlichkeit: Ihre Liebe zur Natur schlug sich in der Anlegung von Lustwäldchen, Parks und Alleen, ihre Reiselust in den Namen von Hotels, Restaurants, Bädern, Quellen, Straßen, Plätzen und Brücken nieder, und zur Erinnerung an ihr Wohlwollen gegenüber den Armen und Bedürftigen wurden Krankenhäuser, Sanatorien und Waisenhäuser nach ihr benannt.

Als erste umfassende Maßnahmen rief Landwirtschaftsminister Ignác Darányi am 19. November 1898 mit einem Runderlass die Bewegung der „Königin-Elisabeth-Gedenkbäume" ins Leben: *„... es wäre [ihrer] würdig, wenn unter den zu pflanzenden Bäumen auch solche mit hängender Krone wären, wie Trauerweiden, Eschen und Hängebuchen; weiterhin die Lieblingsbäume der verehrten Königin: Eichen und Tannen, außerdem andere langlebige Baumarten."* Zusätzlich ordnete der Minister an, dass die gepflanzten Bäume mit einer Tafel mit der Aufschrift „Gedenkbaum der Königin Elisabeth" zu versehen seien, damit jedermann sie pflegte. Dem Aufruf folgten Millionen im ganzen Land, sodass, zeitgenössischen Aufzeichnungen zufolge, bis zum Juli 1899 *„2 787 413 Elisabeth-Gedenkbäume, -sträucher und -büsche in der ungarischen Erde Wurzeln schlugen", „um die Dankbarkeit und Ehrerbietung der Nation zu bewahren und zu verkünden."* Diese Bäume wurden zumeist in der Nähe des Rathauses, der Kirche oder der Schule gepflanzt, wodurch sie später wichtige Elemente des Erscheinungsbildes der Dörfer wurden. Zu dieser Zeit entstanden beispielsweise die Elisabethparks in Gödöllő, Miskolc und Szamosújvár (heute Gherla, Rumänien), die Elisabeth-Promenade in Hódmezővásárhely sowie Elisabethhaine in kleineren Ortschaften wie Nagykárolyfalva (heute Banatski Karlovac, Serbien) und Peredmér (heute Predmier, Slowakei).

*Königin Elisabeth im Jahre 1867*

In ganz Ungarn wurden Denkmäler und Statuen errichtet, die ebenfalls der Bewahrung des Andenkens an Elisabeth dienten und zur Verbreitung des Kults um sie beitrugen. Außerdem benannte man unzählige Straßen, Plätze, Brücken und öffentliche Gebäude nach der Königin – natürlich nur solche, die man ihrer für würdig erachtete. Diese Namensgebung erfolgte – in den meisten Fällen – zusammen mit der Anlegung von Hainen und Parks oder der Einweihung von Statuen. So geschah es auch in Kolozsvár (heute Cluj-Napoca, Rumänien), wo der Bau der Elisabethbrücke, die Einweihung des Elisabethdenkmals auf dem Weg zur Zitadelle (Cetăţuie) und die Umbenennung einer der besonders schönen Straßen in Elisabethstraße beinahe gleichzeitig erfolgten. Es kam auch vor, dass eine Ortschaft mangels finanzieller Mittel lediglich ihren schönsten Platz oder ihre Hauptstraße nach der geliebten Königin benannte, woraufhin die dort ansässigen Geschäftsleute in der Hoffnung auf größere Gewinne Ansichtskarten darüber anfertigen ließen. Auf diese Weise sind der Nachwelt unter anderem Ansichtskarten von der Elisabethstraße in Adony und in Dunabogdány erhalten geblieben. Besondere Stücke sind die Ansichtskarten, auf denen Elisabethbrücken abgebildet sind: Es sind ausnahmslos graziöse, wohlgeformte Brücken, wie auch die in Nagybecskerek (heute Zrenjanin, Serbien), Arad (heute Rumänien), Tokaj und Komárom zeigen.

Zu erwähnen sind auch die nach Elisabeth benannten öffentlichen Gebäude. Die zeitgenössische Presse berichtete über sämtliche Wohltätigkeiten und Geldspenden der Königin sowie über ihre Besuche in Krankenhäusern, Sanatorien und Waisenhäusern. Nach ihrem Tode erhielten viele neu errichtete Institutionen ihren Namen.

In Budapest waren alle Attribute des Elisabethkults vorhanden. In der königlichen Burg in Buda wurde auf ihren Wunsch der Garten in einen für Spaziergänge geeigneten Park verwandelt und durch Treppen gegliedert, und Alajos Hauszmann entwarf sogar ein Haus im ungarischen Stil für die Königin. Den Abschluss des Umbaus des gesamten Palastes erlebte sie leider nicht mehr, und so konnte sie auch den Habsburgsaal und den Sankt-Stephans-Saal, den ein Gemälde der heiligen Elisabeth aus dem Arpadenhaus mit ihren Gesichtszügen zierte, nicht mehr bewundern. Zu ihrem Gedenken errichtete man Statuen, benannte – zum Teil noch zu ihren Lebzeiten und mit ihrer Genehmigung – einen Stadtteil und einen Stadtbezirk, eine Ringstraße, einen Platz, eine Brücke, ein Hotel, ein Lustwäldchen, ein Bad, ein Sanatorium, ein Krankenhaus, eine Schule und einen Aussichtspunkt nach ihr.

*Königin Elisabeth zu Pferde*

Nach ihrem Tode wurde die Örökimádás-Kirche (Kirche der ewigen Anbetung), in der auch für ihr Seelenheil gebetet wurde, erbaut. In der Budaer Burg wurde mit den Gebrauchsgegenständen und Möbeln der Königin sowie Kunstwerken, die sie darstellten, ein Gedenkmuseum eingerichtet, das noch in der Zwischenkriegszeit in Betrieb war.

Nach 1945 geriet der Elisabethkult praktisch in Vergessenheit, im ganzen Land wurden ihre Statuen entfernt, die Straßen, Plätze, öffentlichen Gebäude und Lustwäldchen wurden umbenannt. In den 1980er Jahren wurde die Erinnerung an sie neu belebt, vielerorts werden zurzeit ihre Statuen wieder aufgestellt, und zahlreiche Parks und Plätze tragen erneut ihren Namen. Viele Menschen bewundern die Schönheit der Königin Elisabeth, ihre schlanke Figur und ihre Haarpracht, sammeln ihre persönlichen Gegenstände und Kleidungsstücke und probieren ihre vermeintlich geheimen Schönheitsrezepte aus. Sie steht erneut im Mittelpunkt des Interesses, da viele sie als die erste Verkörperung der heutigen modernen Frau betrachten.

Marianna Kaján

*Königin Elisabeth und Erzherzogin Gisela am Gerbeaud-Pavillon im Stadtwald*

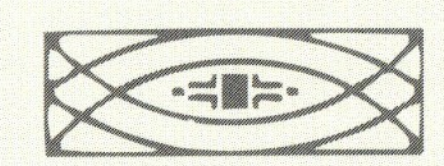

# DENKMÄLER DER KÖNIGIN ELISABETH

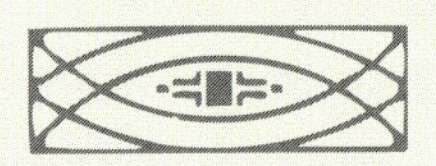

Die meisten ungarischen Kunstwerke aus den 1860er Jahren, die das königliche Paar darstellen, zeigen historische Szenen. Zur Zeit des Ausgleichs und der Krönung entstanden zahlreiche Historienbilder. Von den 1870er Jahren an wurde in allen größeren staatlichen Institutionen ein Gemälde und/oder eine Skulptur zu Ehren des königlichen Paars platziert.

Ihr erstes ungarisches Porträt stammt von dem Bildhauer Pál Ferenc Kugler, der Anfang der 1870er Jahre um die entsprechende Genehmigung bat. Von den repräsentativen Kunstwerken sind zwei bedeutende Statuenpaare hervorzuheben, die später zu Vorlagen für die Denkmäler auf öffentlichen Plätzen in Ungarn wurden.

Die ungarischen Vorbilder der Mode der Errichtung von Denkmälern um die Jahrhundertwende gehen auf die Porträts des Bildhauers Alajos Stróbl zurück. Der Architekt Miklós Ybl wollte das Haupttreppenhaus des Budapester Opernhauses mit einer Statue Kaiser Franz Josephs von dem in Pozsony (heute Bratislava, Slowakei) geborenen, aber in Wien lebenden Viktor Tilgner schmücken. Dagegen protestierten die ungarischen Künstler, sodass schließlich Alajos Stróbl beauftragt wurde, ein Porträt des Kaisers in Generalsuniform anzufertigen. Er schuf außerdem auch ein Porträt der (Kaiserin und) Königin. Die Porträtgemälde lassen darauf schließen, dass die Skizzen für seine späteren Skulpturen zu dieser Zeit entstanden.

*Das Königin-Elisabeth-Denkmal in Gödöllő*

Als erste Marmorskulptur auf einem öffentlichen Platz wurde im Jahre 1899 in Miskolc Alajos Stróbls Elisabethporträt aufgestellt, das später als Bronzeskulptur an vielen Orten ausgestellt und auch auf öffentlichen Plätzen platziert wurde. Die von Kaiser Franz Joseph abgesegnete Skulptur erfreute sich großer Beliebtheit. An manchen Gedenkstätten, so zum Beispiel auf der Promenade der Zitadelle (Cetățuie) in Kolozsvár (heute Cluj-Napoca, Rumänien), wurde ausdrücklich betont, dass es sich um ein vom Kaiser genehmigtes repräsentatives Porträt handelte.

Der Bildhauer György Zala begann im Jahre 1897 mit den Arbeiten an seinen ersten Elisabethskulpturen und hielt jede diesbezügliche Kleinigkeit in seinem Rechnungsbuch fest. Nach dem Tod der Königin bestellte auch der Park Club repräsentative Skulpturen des königlichen Paars bei ihm. (Baron Péter Atzél bezahlte 1898 je sechstausend Forint für die beiden Werke.) Es war der ausdrückliche Wunsch des Kaisers, dass Elisabeths Porträt nach einem von ihm ausgewählten Gemälde von 1867 gefertigt wurde. Somit entstand ein Abbild der schönen jungen Frau, und der Kaiser erlaubte auch bei anderen Werken nicht, dass die Zeichen des Alters dargestellt wurden. Das Porträt der Königin Elisabeth, das im Lebenswerk von Zala einen Prototyp darstellt, ist knapp einen Meter groß, fein ausgearbeitet und zeigt ein von einer mantelähnlichen Draperie eingerahmtes ebenmäßiges Frauengesicht. Es wurde später mit geringfügigen Änderungen auch in Bronze gegossen und vielerorts aufgestellt. Im Jahre 1899 kaufte der Verein für Bildende Künste dem Bildhauer die Vervielfältigungsrechte der Skulpturen ab, ließ die beiden Porträts in einer Größe von dreißig Zentimetern kopieren und verkaufte sie als Zimmerschmuck.

Die Porträts von Stróbl und Zala ähnelten sich sehr, da sie nach denselben Anforderungen und somit nach denselben Gemälde- und Fotovorlagen entstanden waren. Die Königin stand lediglich für zwei ungarische Gemälde Modell: 1869 suchte sie Mihály Kovács in seinem Atelier auf, damit der Künstler an dem fast fertigen Porträt die letzten Detailarbeiten für die Gesichtsfarbe ausführen konnte. Im Jahre 1877 dann stellte sie sicher, dass Mihály Zichy alle Fotografien, Repro-

duktionen und Kleider für sein Gemälde „Königin Elisabeth an der Bahre von Ferenc Deák" zur Verfügung standen.
Die Art der Königsporträts von Stróbl und Zala änderte sich auch später nicht. Die repräsentativen und in Massen angefertigten Darstellungen des königlichen Paars mittleren Alters zeigten die Königin als ätherische Schönheit im Krönungsornat. In der Darstellung der ungarischen Skulpturen ist sie die schöne, Harmonie ausstrahlende Grande Dame des Ausgleichs.
Als die Königin starb, entschied das Parlament, dass man ihr ein Denkmal setzen müsse. Aus öffentlichen Spenden kam eine enorme Summe zusammen, die vier Ausschreibungen ermöglichte. So gut wie alle ungarischen Bildhauer fertigten Gipsmodelle für ein Denkmal und eine Hauptskulptur an.
Wegen des großen Geldbetrags musste ein komplexer architektonischer Raum für das Denkmal geschaffen werden, von dem die Skulptur der Königin nur einen kleinen Teil einnahm. Die Nebenfiguren und Reliefs des Monuments brachten ausgesprochen konventionelle Inhalte zum Ausdruck, und Elisabeth erschien als würdevolle junge Frau im Königinnengewand ungarischen Stils. Diese Darstellung war die Garantie für den Erfolg, für die allgemeine Anerkennung in Ungarn; sie begeisterte die Nation, denn sie war ein feierlicher Ausdruck der Gefühle, die die Nation ihr sowie ihrer politischen Situation und Rolle gegenüber hegte.
All diese Porträtskulpturen beinhalten eine gewisse Diskrepanz, da sie zugleich politische Denkmäler und Darstellungen der weiblichen Schönheit sind. Die ungarischen Entwürfe der Elisabethdenkmäler sind besondere Kombinationen des Stils der monarchischen und der bürgerlichen Denkmäler. Einige Skulpturen zeigen Elisabeth als einfache Bürgerfrau, während das jeweilige architektonische Ensemble – durch die symbolischen Hinweise auf ihre königliche Würde – eine besondere Variante der monarchischen Denkmäler darstellt.
György Zala reichte bei den Ausschreibungen von 1901 und 1903 dasselbe, nur geringfügig geänderte Gipsmodell ein. Es zeigte die Königin vor ihrem Thron stehend, wie sie vor dem „beinahe altarähnlichen" Bauwerk die Massen der Huldiger empfing. Die Bauern in ungarischer Nationaltracht symbolisierten den Schmerz, die Hoffnung und die Zuneigung der Nation. Die in Stein gemeißelte Pietà im Hintergrund, in einer höhlenartigen Vertiefung unter dem Relief mit der Krönung der Königin, ist das Symbol des größten Leides. Auf den beiden in der Mitte platzierten Pylonen stand der Genius des Friedens mit einem Ölzweig in der Hand.
Die möglichen Standorte des Denkmals änderten sich mit der Zeit, bis das Geld während des Krieges und der Inflation den Großteil seines Wertes verlor. Anfang der 1930er Jahre drängte Dr. Albert Berzeviczy im Oberhaus des Parlaments darauf, das Denkmal aufzustellen – und bezeichnete die Königin nach wie vor als wohltätigen Schutzengel des Vaterlandes. Das im Jahre 1932 enthüllte Denkmal war wesentlich einfacher gehalten als in den früheren Entwürfen vorgesehen. Die besondere Bedeutung seiner Fertigstellung liegt auch darin, dass es das letzte historische königliche Denkmal war.
Die europäischen Elisabethskulpturen kannten die Budapester vor allem von Ansichtskarten und aus Illustrierten. Die Darstellungen der jungen und schönen, doch einsamen und zerbrechlichen Bürgerfrau schufen die Künstler am Anfang des 20. Jahrhunderts vermutlich unter dem Einfluss der Wiener Skulpturen. Tilgners neobarocke Porträtskulpturen wurden in den 1870er Jahren in Ungarn gezeigt. Eine Variante wurde im Jahre 1899 in dem kleinen Dorf Nyirád aufgestellt und blieb während des ganzen wechselvollen 20. Jahrhunderts an seinem ursprünglichen Standort.
Die Denkmäler in Salzburg und Gödöllő zeigen nicht die repräsentative Königin, sondern die modebewusste schlanke Bürgerfrau. Die Abweichung von der gängigen Mode charakterisiert die erste auf einem öffentlichen Platz aufgestellte Skulptur in Wien, die im Jahre 1907 enthüllt wurde und die auf dem Thron sitzende Kaiserin in einfacher, schmuckloser Kleidung zeigt.
Zum Topos wurde die Königin in den dekorativen Kleidern der 1860er Jahre. Die ungarischen Motive auf dem oberen Teil des Kleides und der Reifrock verliehen ihr eine imposante Erscheinung, sodass diese Kleiderform in den 1860er Jahren nicht von ungefähr in ganz Europa Mode wurde: Sie wirkte sehr attraktiv, wie auch die damals entstandenen Porträtfotos zeigen.
Es sind Angaben von über fünfzig Gedenkstätten bekannt, von denen diejenigen mit einer Skulptur der Königin zu wichtigen Orten des Gedenkens an Elisabeth wurden. Diese Kunstwerke wurden bei ihrer Einweihung und später zusammen mit ihrer näheren Umgebung fotografiert und in der zeitgenössischen Presse abgebildet. Über die Fertigstellung dieser Werke berichteten die Zeitungen auf der Titelseite.
Nach 1918 wurden die Skulpturen, die das Königtum symbolisierten, aus den Amtsgebäuden entfernt, viele andere Elisabethskulpturen blieben jedoch auch in der Zwischenkriegszeit an ihrem Platz, da die Königin als Schutzpatronin schon während des Ersten Weltkriegs sakrale Bedeutung erlangt hatte. In den 1950er Jahren aber wurden fast alle ihre Skulpturen von den öffentlichen Plätzen entfernt. Die Ansichten über die Figur der Königin Elisabeth in den 1980er Jahren waren politisch gefärbt.
Die einstigen und die gegenwärtigen Elisabethgedenkstätten sind Abbilder der ungarischen Kultur, die nach fast siebzigjährigem Schweigen erneut in den Vordergrund gerückt sind. Der Anblick der Skulptur einer ungarischen Königin zwischen Bäumen erinnert auf Fotografien und Ansichtskarten an die arkadische Atmosphäre der glücklichen Zeit des Friedens.

Zsuzsanna Farkas

# KURZE ANSICHTSKARTENGESCHICHTE

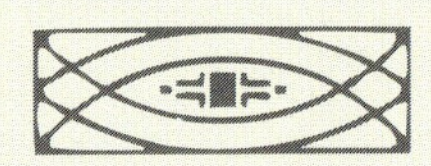

*„Es gibt kaum etwas, das zurzeit so sehr in Mode ist wie Ansichtskarten"*, lautete die auch heute gültige Feststellung der ungarischen „Sonntagszeitung" (Vasárnapi Ujság, 21. Juli 1901). In der heutigen schnelllebigen Zeit erfreut sich die Ansichtskarte trotz der Verbreitung der MMS-Bilder, die per Handy verschickt werden können, und des Internets erneut großer Beliebtheit. In den Antiquariaten sind sie schon seit Langem vertreten, und immer mehr werden für unglaubliche Summen auf Auktionen versteigert. So stellt sich zu Recht die Frage, woher dieses andauernde Interesse rührt. Handelt es sich nur um eine von vielen Sammelleidenschaften? Oder ist es die Nostalgie nach einer längst vergangenen Zeit?

Und wann hat es angefangen? Die Menschen schicken sich schon seit Langem Briefe, mit einem Siegel und später durch einen Umschlag verschlossen. Aus dem 17. und 18. Jahrhundert sind schon handgemalte Grußkarten bekannt. Später wurden solche in kleiner Auflage auch in Druckereien hergestellt, und Mitte des 19. Jahrhunderts kamen die mit verschiedenen, vor allem mit Blumenmotiven verzierten Briefpapiere und Umschläge auf. Nach und nach wollten immer mehr Menschen ihre kurzen Mitteilungen auf einer einzigen Karte abschicken. Die erste „Briefkarte" gab die Österreichisch-Ungarische Postdirektion am 1. Oktober 1869 heraus, mit einer patriotischen Illustration oder einem Wappen auf der Vorderseite.

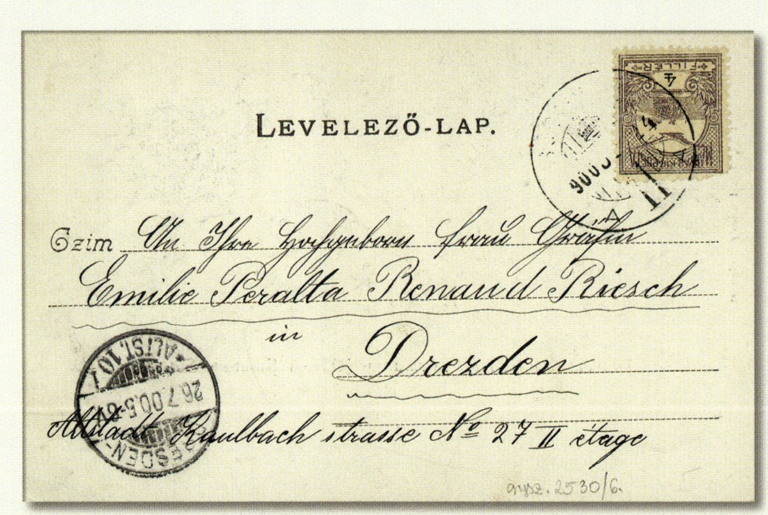


*Ansichtskarten mit ungeteilter Rückseite*

Ihre Blütezeit erlebte die Ansichtskarte am Ende des 19. und am Anfang des 20. Jahrhunderts. Zunächst waren ihre Maße, ihre Beschriftung und ihr Gewicht genau vorgeschrieben, 1885 wurde dann in Deutschland und in der österreichisch-ungarischen Monarchie auch der Vertrieb im Selbstverlag hergestellter Karten genehmigt. Zunächst war die eine Seite der Karten der Anschrift und der Briefmarke vorbehalten, auf der anderen befanden sich das Bild und der Grußtext. Um die Jahrhundertwende nahm das Bild schon fast die ganze Seite ein, und die meisten Verlage druckten allgemeine Text darunter wie „Gruß aus ..." oder „Frohes neues Jahr". Daneben blieb meist nur Platz für den Namen des Schreibenden und einen kurzen Gruß, oder er musste auf das Bild schreiben, was das Lesen erschwerte und das Bild verunstaltete. Ab 1904–1905 wurden dann Karten angeboten, auf denen die Seite für die Adresse unterteilt war, damit dort auch für die Mitteilung Platz war. Diese Änderung ist eine große Hilfe bei der Einordnung von Ansichtskarten ohne Datum.

In Ungarn begann die Massenproduktion von Ansichtskarten im Jahre 1896, als die Ungarische Post ihre aus 32 Karten bestehende

Millenniumreihe mit Farblithografien von Budapest, der Millenniumsausstellung, den großen ungarischen Städten und den wichtigsten Ereignissen der ungarischen Geschichte herausgab. Die Originale der Bilder waren Werke berühmter Maler und Illustratoren der Zeit wie Tivadar Dörre, Károly Cserna, Pál Vágó und László Kimnach, hergestellt wurden die Karten von drei Druckereien: Posner és Fia (Posner und Sohn), Pesti Könyvnyomda Rt. (Pester Buchdruckerei AG) und Gusztáv Morelli. Statt der Lithografien wurden später Fotografien verwendet. Mit der Weiterentwicklung der Drucktechnik sowie durch die Fototechnik, die verschiedenen Kolorierungstechniken und die Montage wurden die Ansichtskarten immer vielfältiger.

Jede Ortschaft – von den größeren Städten bis hin zu den kleinsten Dörfern –, die etwas auf sich hielt, gab Ansichtskarten mit den Fotografien ihrer bedeutenden Gebäude und Straßen heraus. Ein Fremder, der eine Ortschaft besucht, interessiert sich bekanntermaßen immer für ihre Sehenswürdigkeiten, von denen er vielleicht schon gehört oder gelesen hat, und die vielleicht der Grund dafür sind, dass er sich gerade für diese Ortschaft entschieden hat. Das konnte damals ein angenehmer Kurort sein, wo er eine Bade- und Trinkkur machte (wie Pöstyén – heute Piešťany, Slowakei –, Bártfa – heute Bardejov, Slowakei –, Szováta – heute Sovata, Rumänien – und Kovászna – heute Covasna, Rumänien), oder ein Ort in einer besonders schönen natürlichen Umgebung (wie Trencsénteplic – heute Trenčianske Teplice, Slowakei). Und wenn er schon einmal da war, wählte er aus dem Angebot vor Ort eine Ansichtskarte nach seinem Geschmack und schickte sie mit einem Gruß an die Daheimgebliebenen. Das Angebot an Ansichtskarten hing mit der wachsenden Besucherzahl zusammen. Es war ein Mittel, mit dem die Touristen angelockt wurden, was als Erste die ausländischen Verlage erkannt hatten. Die „Sonntagszeitung" kommentierte die Lage folgendermaßen: *„Ungarn wird über den Handel regelrecht mit deutschen Landschaftsansichtskarten überschwemmt. Allerdings stellt die ungarische Post die Karten mit deutscher Beschriftung nur unter Erhebung eines Bußgeldes zu, worüber sich der Empfänger nicht immer freut."* (28. August 1898) Danach dauerte es nicht mehr lange, bis die ungarischen Händler als Mitbewerber auftraten. Die meisten Karten gaben die „Tabakladenbesitzer", die Buchhändler, die Druckereien und die Fotoateliers heraus, und innerhalb kurzer Zeit waren in den Läden verschiedene, zumeist kolorierte, Karten der Sehenswürdigkeiten, also der Kirchen, Rathäuser, Denkmäler, Schlösser, Kurien, Hotels, Quellen und Bäder, mit ungarischer Beschriftung erhältlich. Diese wurden von der Ungarischen Post ohne Erhebung eines Bußgeldes zugestellt. Es wurden im ganzen Land tätige Ansichtskartenverlage gegründet, so zum Beispiel die Firma Vasúti Levelezőlap-árusítás (Eisenbahn-Ansichtskartenverkauf), Ganz és Tsa. (Ganz und Co.) oder die Firma Divald und Monostory, die auch schöne Panoramabilder im Sortiment hatte.

*Ansichtskarten mit geteilter Rückseite*

Die Beliebtheit der Ansichtskarten zeigt auch die Tatsache, dass sie schon damals gesammelt wurden und es sogar entsprechende Fachzeitschriften gab: 1899 wurden *Képes Levelező-Lap* (Ansichtskarte), *Levelezőlap-Gyűjtő* (Ansichtskartensammler) und *Látóképes Levelező-Lapok* (Panoramabriefkarten) gegründet, 1901 dann *Magyar Képes Levelező-Lap* (Die Ungarische Ansichtskarte) und *Levelezőlap* (Briefkarte). Die Leser fanden in ihnen viele nützliche Ratschläge zur Vermehrung und Aufbewahrung ihrer Sammlung und wurden über die Neuerscheinungen informiert. Selbst Herrscher frönten der Sammelleidenschaft, so zum Beispiel die englische Königin Viktoria und König Franz Joseph I., der mehr als zweihunderttausend Ansichtskarten besaß. Von den 1890er Jahren an wurden in vielen europäischen Ländern Ansichtskartenausstellungen veranstaltet; die erste in Budapest, in der die ungarischen und ausländischen Verlage, Hersteller und Künstler ihre Karten vorstellten, fand vom 4. bis zum 24. Juni 1900 im Palast des Kunstgewerbes statt.

*Ansichtskarten aus zeitgenössischen Sammlungen*

Anfang des 20. Jahrhunderts war die Ansichtskarte bereits ein modisches Massenprodukt. Die Karten sind Dokumente einer Zeit, in der sich die Menschen, da es noch kein Telefon gab, schriftlich darüber austauschten, wo sie gerade waren, was sie gesehen hatten und wie sie sich fühlten, und das in allerhöflichster Form.

Ab dem Ende des 19. Jahrhunderts hatte nicht nur die Aristokratie, sondern auch die Mittelschicht bereits die Möglichkeit, Urlaub und Ausflüge zu machen. Die wohlhabenderen Bürger reisten sogar ins Ausland, doch die meisten mussten sich mit ein paar Wochen in einem modischen Kurort oder in einer angesagten Stadt begnügen. Wovon es abhing, was als angesagt galt? Darauf hatte schon damals die Presse einen großen Einfluss. Wenn die „Sonntagszeitung" (Vasárnapi Ujság) – eine der maßgeblichen Zeitungen der Zeit – einen illustrierten Artikel über die groß angelegte Erweiterung des Bades in Herkulesfürdő (heute Băile Herculane, Rumänien), über den Bau eines neuen Hotels in Balatonfüred oder Trencsén (heute Trenčín, Slowakei) oder darüber brachte, dass die königliche und die erzherzögliche Familie verschiedene ungarische Städte besucht hatten, wurden die betreffenden Ortschaften sogleich interessant. Zu jedem wichtigen Ereignis – sei es von landesweitem oder lokalem Interesse, wie zum Beispiel Truppenübungen, Gewerbeausstellungen, Sängertreffen, Eröffnungen neuer öffentlicher Einrichtungen, Denkmalsenthüllungen –, ja sogar zu Naturkatastrophen gab es Ansichtskarten. Aus manchen Städten und Ortschaften sind viele, aus anderen nur wenige erhalten, und das hängt nicht nur von ihrer Größe und ihrer historischen Bedeutung ab, sondern wohl auch davon, in welchem Maße sich die dort lebenden Menschen mit ihnen identifizierten und inwieweit sie durch die historischen Ereignisse oder die Politik beeinflusst wurden.

Wenn man eine alte Ansichtskarte in die Hand nimmt, fällt sofort auf, wie anders die Welt war, die der Fotograf da verewigt hat. Er musste für den Moment, in dem er exponierte, die „Straße", das heißt, jeden Menschen, jedes Tier und den gesamten Verkehr, anhalten, damit das Bild nicht verschwommen wurde. Deshalb sahen viele Menschen direkt in die Kamera. Besonders Kinder stellten sich gerne vor die Linse des Fotografen. Die interessantesten Ansichtskarten sind deshalb diejenigen, auf denen die Menge abgelichtet wurde, denn wenn man sie unter der Lupe betrachtet, sind die einzelnen Gesichter gut zu erkennen. Ein Blick durch die Lupe lohnt sich auch deshalb, weil man dabei sieht, wie reich an Details diese Aufnahmen sind. Der Fotograf achtete darauf, dass alle Einzelheiten des verewigten Gebäudes deutlich zu erkennen waren. Somit kann man anhand solcher Karten die Entwicklung und die Veränderungen der betreffenden Ortschaft verfolgen. Bedauerlicherweise sind viele Gebäude heute nur noch in dieser Form erhalten.

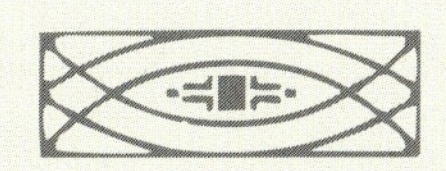

# DIE ANSICHTSKARTENSAMMLUNG DES MUSEUMS IM KÖNIGLICHEN SCHLOSS GÖDÖLLŐ

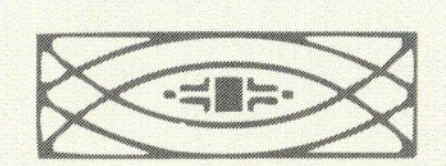

Dazu, dass die Erinnerung an Königin Elisabeth heute erneut lebendig ist, hat die Stadt Gödöllő Bedeutendes beigetragen, indem die Städtische Ortsgeschichtliche Sammlung im Jahre 1987, zum 150. Jahrestag der Geburt von Königin Elisabeth, eine Ausstellung veranstaltete. Heute ist das Schloss Gödöllő ein wichtiger Ort der Pflege des Elisabethkults, da es eine wichtige Rolle im Leben der Königin gespielt hat. Sie liebte den riesigen Park, in dem das Gebäudeensemble lag, und die Kastanienallee und unternahm gerne Ausritte und Spaziergänge in den Wäldern der Umgebung. Die Bewohner der Stadt waren stolz auf sie, und hier fand sie, *„wonach sie sich sehnte: Ruhe, gute Luft, Wälder, Blumen und, vor allem, ein Volk, das sie bei ihren einsamen Spaziergängen nicht störte"*. Ihr zu Ehren nannte man das Hotel der Stadt Hotel Elisabeth, die Straße in der Nähe des Schlosses Königin-Elisabeth-Straße, und von ihren ungarischen Skulpturen wurde hier diejenige eingeweiht, die ihrer Persönlichkeit am ehesten entsprach.

Seit der Gründung des Museums im Königlichen Schloss Gödöllő im Jahre 1995 erforschen die Mitarbeiter der Einrichtung das Leben der Königin und ihres ungarischen Hofstaats sowie den ungarischen Elisabethkult. Indem sie in Bezug zu ihrer Person stehende Gegenstände sammeln und ausstellen, versuchen sie, sie wesentlich differenzierter zu zeigen als das auch international allgemein vorherrschende Bild.

In den gut zehn Jahren hat das Schlossmuseum eine ansehnliche Sammlung von Ansichtskarten zusammengetragen, die besonders in den letzten Jahren durch die Darstellungen der alten ungarischen Elisabethgedenkstätten bedeutend erweitert wurde. Nach dem Tod der Königin begann sozusagen ein neues Zeitalter im ungarischen Ansichtskartenverlag. Es erschienen reihenweise Ansichtskarten mit den Gedenkstätten von der kleinsten Gemeinde bis zu den Großstädten. Im Königin-Elisabeth-Gedenkmuseum in der Burg Buda befand sich ebenfalls eine aus mehreren Tausend Stück bestehende Sammlung von Ansichtskarten mit den Gedenkstätten in Ungarn, die jedoch leider vernichtet wurde.

Bei den Auktionen, unter den von Sammlern gekauften und als Schenkung erhaltenen Ansichtskarten finden sich auch Einzelstücke, sehr frühe Karten, besondere Exemplare und kolorierte Lithografien. Von einigen konnten mehrere Varianten erworben werden, die somit in kolorierter Ausführung und in Schwarz-Weiß vorliegen, das jeweilige Gebäude, den Platz, die Brücke oder die Skulptur aus geringerer und größerer Entfernung sowie als kleineren oder größeren Bildausschnitt zeigen. Außerdem gibt es zahlreiche Karten, die mehrmals, in mehreren Farben und Größen, herausgegeben wurden. Äußerst interessant sind auch die Mitteilungen und Berichte auf den Ansichtskarten: Die Zeilen lassen die Geschichte wieder aufleben. Ein Urlaubsgast in Bártfafürdő (heute Bardejovské Kúpele, Slowakei) schickte schon am Tag nach der Einweihung des dortigen Elisabethdenkmals eine Ansichtskarte nach Hause. Ein anderer wünschte seiner Familie mit der Fotoansichtskarte von der feierlichen Einweihung in Gödöllő – auf der der König und die königliche Familie vor dem geschmückten Zelt zu sehen sind – ein frohes neues Jahr. Auf den Beginn des Ersten Weltkriegs verweist eine Ende Juli 1914 abgeschickte Karte mit dem Elisabethdenkmal in der Erzherzog-Friedrich-Kaserne in Pécs, auf der ein junges Mädchen ihre Sorge ausdrückt, ob es ihr angesichts der Truppenzusammenziehungen gelingen würde, ihre Heimatstadt Brassó (heute Braşov, Rumänien) zu erreichen. Hat sie den Krieg überlebt? Jede Ansichtskarte steht für Menschen und Geschichten, die des Absenders, des Empfängers und der ganzen Zeit, in der sie geboren wurden und lebten.

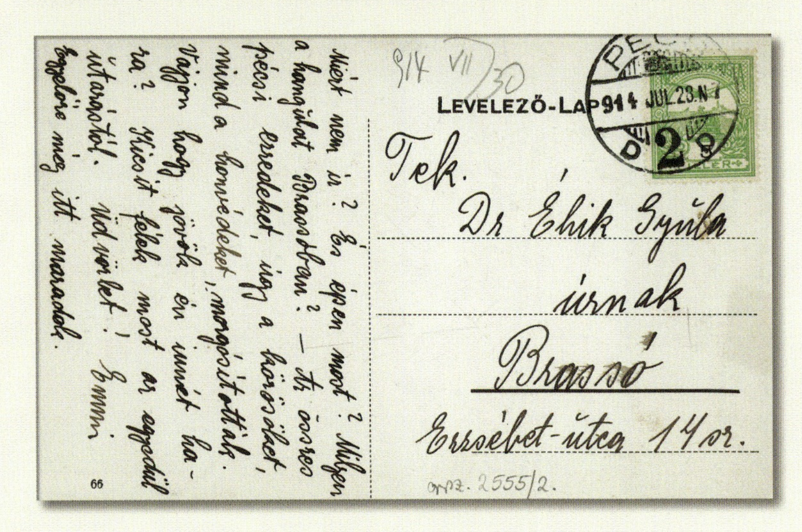


*Jede Ansichtskarte steht für Menschen und Geschichten …*

Das vorliegende Album, das 235 Ansichtskarten aus der Sammlung des Museums vorstellt, enthält vielfältige Angaben und Forschungsergebnisse über die Gedenkstätten sowie über die Karten, die auch für Sammler wertvoll sind. In einigen Fällen zeigen wir auch die Adressenseite der Karten, sofern es wegen der Adressierung, der Briefmarke, des Poststempels, der Mitteilung oder sonstiger Besonderheiten angebracht ist. Der geografischen Orientierung dient die Karte auf dem Vorsatz des Buches. Die Ansichtskarten werden in alphabetischer Reihenfolge vorgestellt und anhand der alten Komitatsaufteilung Ungarns geografisch eingeordnet. Die Elisabethgedenkstätten in der Hauptstadt Budapest werden – wegen der großen Zahl der Ansichtskarten – in einem gesonderten Kapitel vorgestellt, und zwar nach den beiden Teilen der Stadt, Buda und Pest, gegliedert. Am Ende des Bandes finden Interessierte ein reichhaltiges Literaturverzeichnis.

Da auf dem Gebiet fortlaufend geforscht wird und täglich neue Quellen entdeckt werden, wurde das Manuskript Anfang 2007 in der Hoffnung abgeschlossen, dass wir die Möglichkeit zu einer Fortsetzung haben werden.

Das Buch ist ein echtes Ansichtskartenbuch, aber nicht von der herkömmlichen Sorte. Es stellt den Elisabethkult anhand im alten Ungarn herausgegebener Ansichtskarten vor.

Marianna Kaján

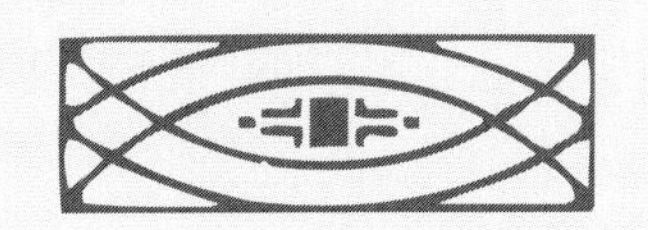

# ANSICHTSKARTEN AUS BUDAPEST

## ANSICHTSKARTEN AUS BUDA

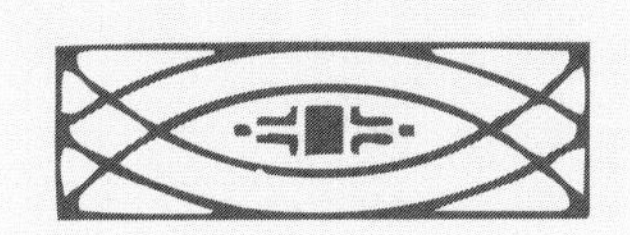

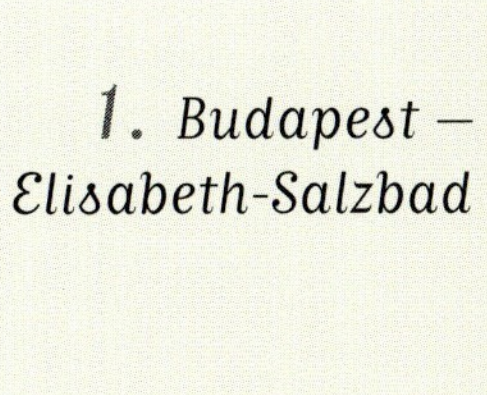

*1. Budapest –*
*Elisabeth-Salzbad*

*2. Budapest –*
*Elisabeth-Salzbad*

Die Quelle des Königin-Elisabeth-Salzbades war eine der ältesten Bitterwasserquellen in Buda. Die 1853 erschlossene Quelle hieß zuerst Hildegardquelle, wurde jedoch 1854 in Elisabethquelle umbenannt. 1881 erwarb der Eigentümer des Bades aus Tschechien, Henrik Mattoni, des gesamte Gelände, ließ von Architekt Miklós Ybl Pläne für die Erweiterung des alten Badehauses anfertigen und eine hübsche Trinkhalle über der Elisabethhauptquelle errichten. Für Trinkkuren wurde nur das Wasser der Elisabethquelle verwendet, die der übrigen, der Árpád- und der Henrikquelle, auch für die Bäder. Das Bad war von einem riesigen Park umgeben.

*3. Budapest – Königlicher Palast*

Nach ihrer Krönung im Jahre 1867 weilte Elisabeth jedes Jahr mehrmals im Budaer Burgpalast, und hier wurde am 24. April 1868 ihr jüngstes Kind, Marie Valerie, geboren. Da sich ihr Hofstaat so häufig dort aufhielt, wurde eine Erweiterung und Modernisierung des Gebäudes erforderlich. Der Umbau wurde nach den Plänen von Miklós Ybl begonnen, nach seinem Tod beendete Alajos Hauszmann die Arbeiten. Die Ansichtskarte zeigt den umgebauten königlichen Palast vom Pester Donauufer aus.

*4. Budapest – Königlicher Palast. Der Thronsaal der Königin*

Die königlichen Gemächer befanden sich im südlichen Teil des Palastes. Leider gibt die Ansichtskarte mit dem Thronsaal der Königin die Farben nicht wieder, vermittelt jedoch einen Eindruck von der reichen Dekoration und der einer Königin würdigen Eleganz.

*5. Budapest – Königlicher Palast. Das Haus der Königin im ungarischen Stil*

Auf Elisabeths Wunsch wurde der zur Donau hin gelegene Teil des Burggartens umgestaltet, wo sie bei jedem Wetter gerne spazieren ging. Nach den Plänen von Obergärtner Nándor Witzel legte man für sie auch einen Steingarten und eine Grotte an, deren Steine aus den Alpen nach Buda gebracht wurden. Im Garten wurden die verschiedensten Alpenpflanzen gepflanzt. Im Jahre 1897 entwarf Alajos Hauszmann auf die persönliche Bitte Elisabeths ein Gartenhaus für den unteren Teil des Burggartens, in dem sie sich bei ihren Spaziergängen ausruhen konnte. Den hinteren Teil des mit einer geschnitzten Galerie geschmückten Gartenhauses integrierte Hauszmann in die Mauer eines Tores aus dem 15. Jahrhundert. Elisabeth fand Gefallen an dem Haus im ungarischen Stil, hielt sich nach seiner Fertigstellung jedoch leider nicht oft darin auf …

Alajos Hauszmann erweiterte den Burgkomplex nicht nur durch neue Flügel, sondern baute auch die Flügel aus der Zeit des Barock um. Unter der großen Kuppel befand sich einer der schönsten Säle des Palastes, der an den Wiener Barock erinnernde Habsburgsaal. Die Kuppeldecke zierte die Apotheose Franz Josephs und Elisabeths. Das letzte Fresko von Károly Lotz stellte die Entfaltung von Wohlstand und Kultur mittels der Herrschertugenden dar. Die Dekorationen des mit farbigem Marmor getäfelten Saals waren Werke des Bildhauers Károly Sennyey, aus carrarischem Marmor gehauene Büsten Karls III., Maria Theresias, Franz Josephs I. und Elisabeths aus dem Jahre 1904.

*6. Budapest – Königlicher Palast. Habsburgsaal*

*7. Budapest – Königlicher Palast. Habsburgsaal*

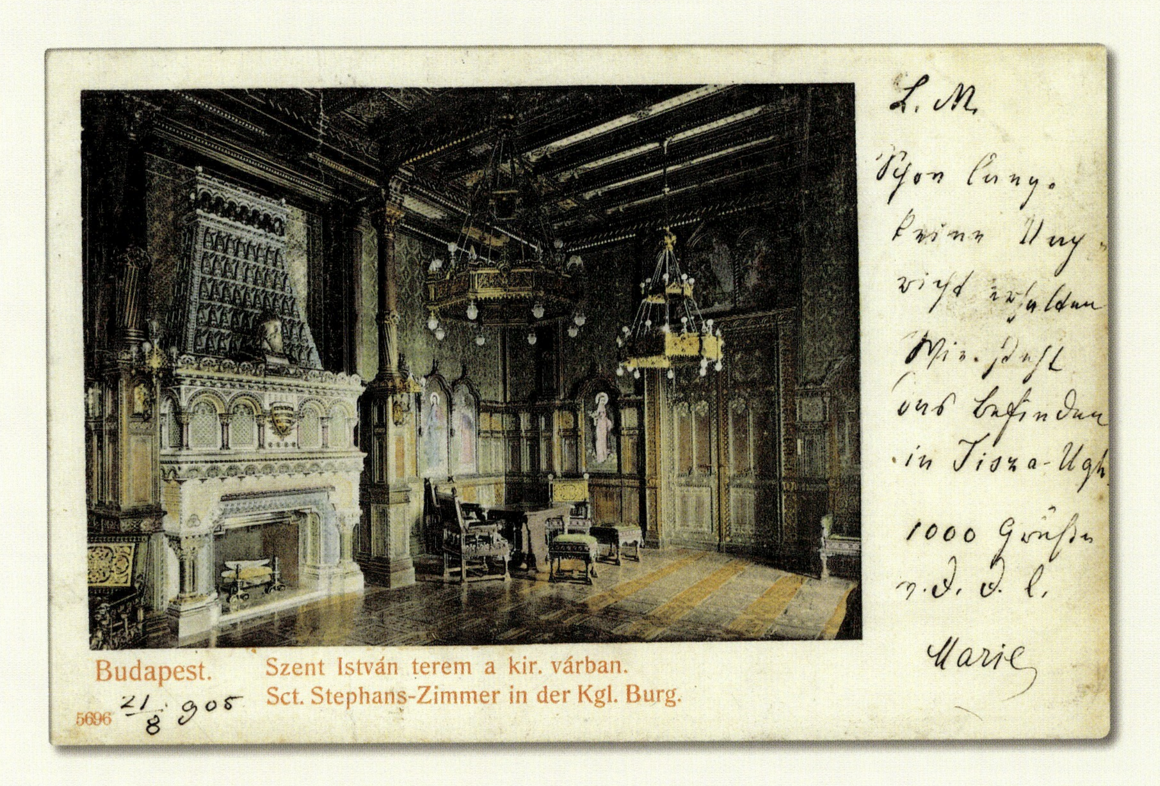


## 8. Budapest – Königlicher Palast. Sankt-Stephans-Saal

Der im Rahmen der Erweiterung des Palastes 1904 fertiggestellte romanische Sankt-Stephans-Saal, der Saal des ersten ungarischen Königs, befand sich neben den Gemächern des Herrscherpaares. Die Wände schmückt neben Szenen aus dem Leben Stephans des Heiligen unter anderem ein Bild der heiligen Elisabeth aus dem Arpadenhaus mit den Gesichtszügen Königin Elisabeths, das, neben dem Kamin und der Säule, auch auf der Ansichtskarte zu sehen ist.

## 9. Budapest – Porträt der Königin Elisabeth

Ein Gemälde von Fülöp László, das auch als kleinformatige Ansichtskarte erschienen ist.

## 10. Budapest – Königin-Elisabeth-Gedenkmuseum

Das Museum wurde am 15. Januar 1908 im Budaer Palast eröffnet. Der erste Saal wurde als Schreibzimmer der Königin eingerichtet, im zweiten wurden Reliquien und Erinnerungsstücke ausgestellt, der dritte diente als Forschungsraum. Den Mittelpunkt des zweiten Saals bildete Gipsvariante des Elisabethdenkmals von Hermann Klotz, das er für die Örökimádás-Kirche (Kirche der ewigen Anbetung) geschaffen hatte.

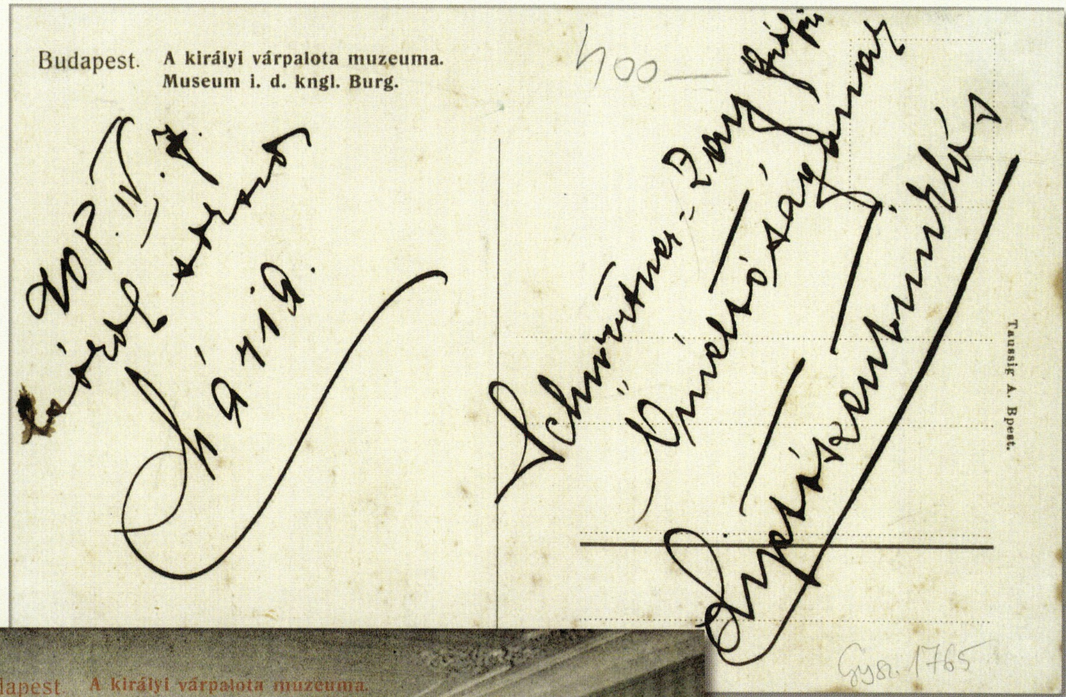


*11. Budapest – Königin-Elisabeth-Gedenkmuseum*

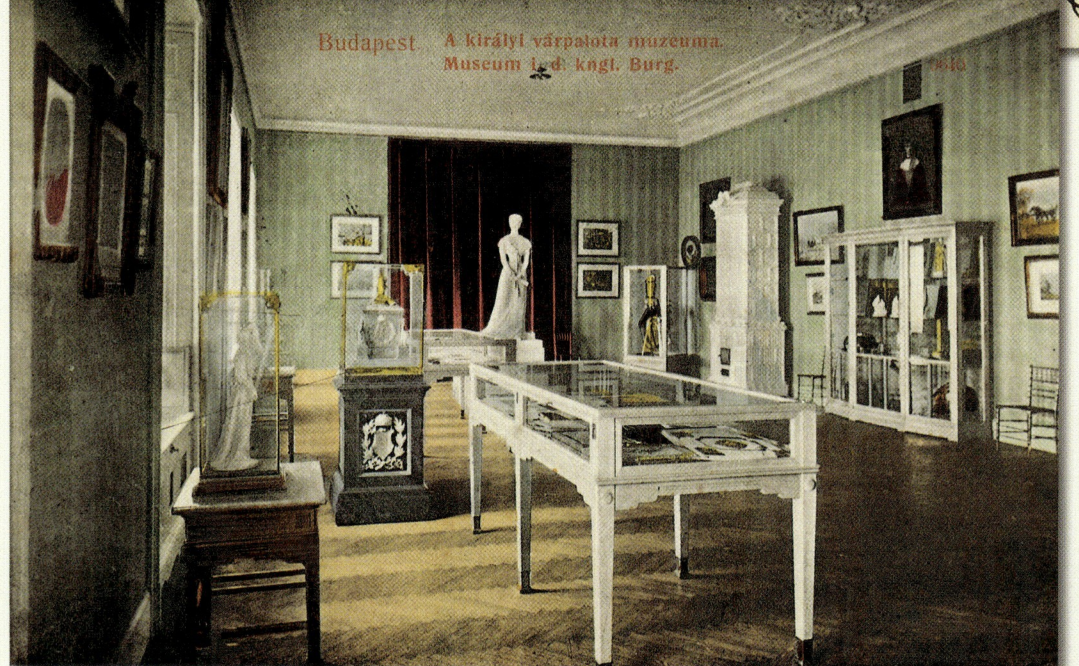


Das Museum besaß eine reichhaltige Sammlung, da auch Erinnerungsstücke aus der Antiquitätensammlung des Ungarischen Nationalmuseums in den Palast gebracht worden waren. Die Ansichtskarte wurde an *„Ihre Hochwohlgeboren Gräfin Schvertner Zay"* nach Liptószentmiklós (heute Liptovský Mikuláš, Slowakei) geschickt.

*12. Budapest – Königin-Elisabeth-Gedenkmuseum*

Sogar aus der Schatzkammer des Wiener Hofes gelangten Gegenstände nach Buda, und zwar die Truhe mit dem Krönungsgeschenk von 1867. Auch Gegenstände mit Bezug zu ihrem Lieblingszeitvertreib, dem Reiten, wurden ausgestellt, so zum Beispiel ein von ihr benutzter Sattel (rechts von der Skulptur in der Ecke). In einer Vitrine waren das schwarze Prunkgewand, in dem sie an den Millenniumsfeierlichkeiten im Jahre 1896 teilgenommen hatte, und die Kleidung, die sie am Tag des Anschlags getragen hatte, zu sehen.

## 13. Budapest – Königin-Elisabeth-Gedenkmuseum

Das Schreibzimmer der Königin. Auf Elisabeths Schreibtisch standen viele Gebrauchsgegenstände: mehrere kleine Bilder ihrer Kinder, vor allem von Marie Valerie, der „ungarischen Prinzessin". Das nach Ida Ferenczys Anweisungen als Interieur eingerichtete Zimmer war bis in die kleinsten Einzelheiten wirklichkeitsgetreu.

## 14. Budapest – Königin-Elisabeth-Gedenkmuseum

Es wurden viele Ansichtskarten mit dem Gedenkmuseum in mehreren Farben und mit verschiedenen Bildausschnitten herausgegeben, die die zahlreichen Besucher begeistert kauften. Diese bewahrt die Erinnerung an einen schönen Ausflug auf der Burg. Sie wurde nach Dunaharaszti geschickt, dem Poststempel zufolge am 24. Oktober 1929.

## 15. Budapest – Königin-Elisabeth-Gedenkmuseum

Die Möbel des Arbeitszimmers stammten aus den Gemächern der Königin, in den Regalen und auf dem Tisch reihen sich die Werke der ungarischen Literatur und Geschichte, in denen Elisabeth oft las – Schenkungen von Marie Valerie. Die Wände schmückten neben den Bildern der Familienmitglieder auch zwei interessante Gemälde: „Zwischen Malven" von Gyula Benczúr (auf der linken Seite der Karte), das der Kaiser für Elisabeth gekauft hatte, und „Parforcejagd" von dem Hofmaler Wilhelm Richter (in der Mitte der Karte).

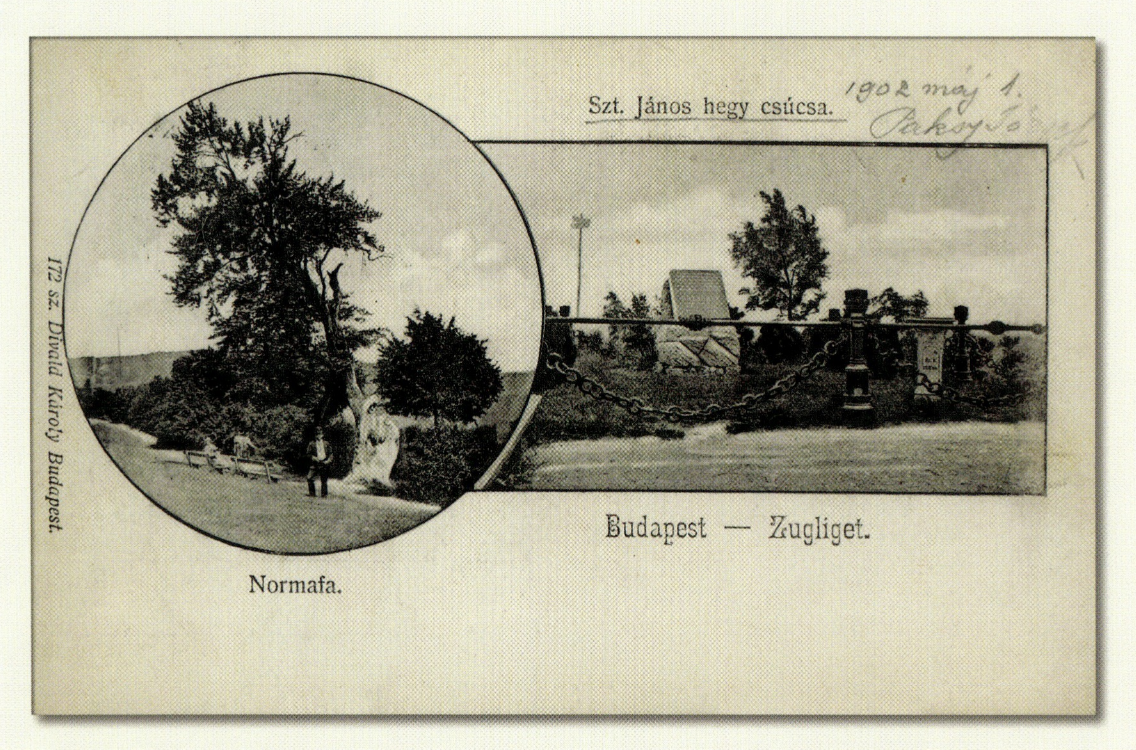


*16. Budapest – János-Berg*

Der Überlieferung zufolge war Königin Elisabeth zwischen 1882 und 1897 mehrmals auf dem János-Berg und in der Umgebung. Zur Erinnerung an diese Ausflüge schlug Sándor Gömöri Havas, der Vorsitzende der Kommission für Forstwirtschaft und Vororte der Hauptstadt, dem Stadtrat im Jahre 1883 vor, die Stelle, von der aus man den schönsten Blick auf die Stadt hatte und an der möglicherweise auch die Königin gestanden hatte, „Elisabethkuppe" zu nennen.

*17. Budapest – János-Berg*

Der Vorschlag wurde angenommen, und der Stadtrat ließ einen schönen „Elisabethgedenkstein" aus Marmor anfertigen, in den ihr Name und folgender Vers von Károly Szász gemeißelt wurden:
*„Hier stand und schaute Elisabeth, / unsere liebe Königin, / wo kein gekröntes Haupt / je zuvor gewesen. / Und während sich ihre Seele / dem wunderbaren Anblick hingab, / spürte sie, wie ihr das Herz unseres Landes / entgegenschlug. / In unserer Verehrung nannten wir diesen Berg / Elisabethkuppe, / und man wird, solange es Magyaren gibt, / ihre Spuren preisen!"*

## 18. Budapest – János-Berg

Diese Ansichtskarte entstand vielleicht als Erinnerung an einen Ausflug auf den János-Berg, denn an den frequentierten Orten konnten sich die Ausflügler auch fotografieren lassen …

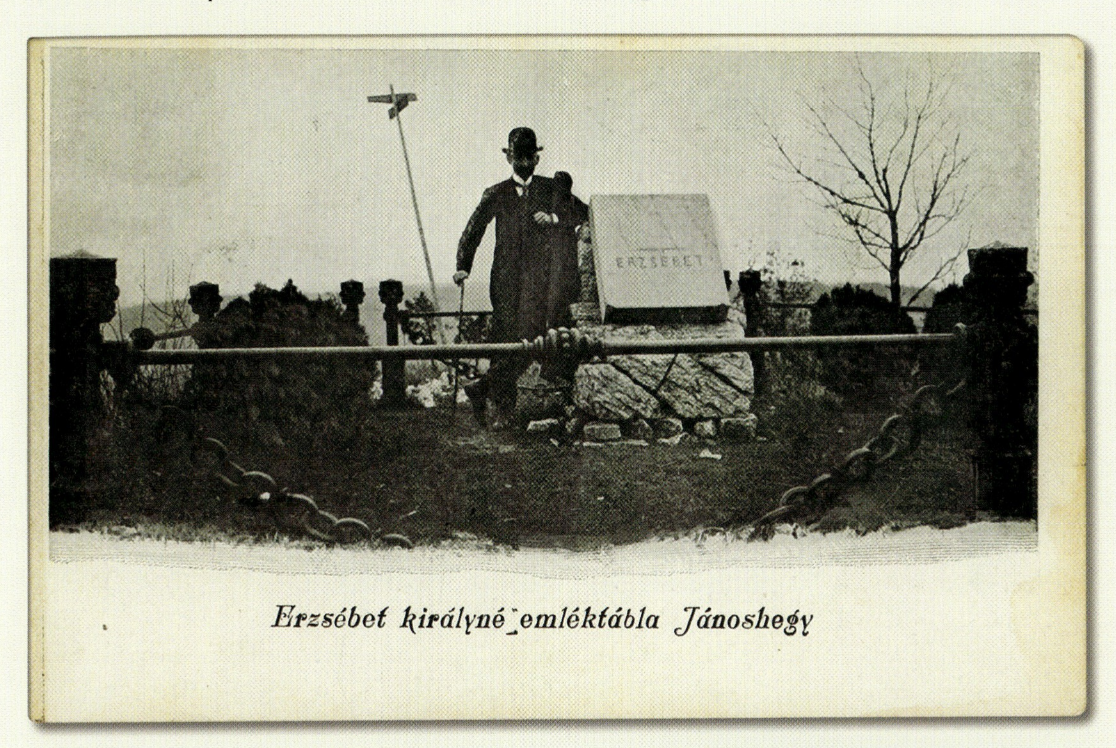

## 19. Budapest – János-Berg

Für diese Ansichtskarte wurde auch das bereits bekannte Bild der Gedenkstätte verwendet. Es lohnt sich, die Damen unter der Aufschrift „Budapest" genauer unter die Lupe zu nehmen …

Auf dem Weg zwischen dem Budaer János-Berg und dem Ausflugsziel Normafa hing ab den 1840er oder 1850er Jahren an einer großen Buche auf einer Lichtung ein Marienbild, und vor dem Baum stand ein Betstuhl. Diese kleine Pilgerstätte suchte auch Elisabeth bei ihren Spaziergängen auf dem János-Berg mehrmals auf. Zu ihrem Gedenken ließ der berühmte Gastwirt Frigyes Glück hier auf eigene Kosten eine aus Zink gefertigte Büste der Königin aufstellen.

*20. Budapest – János-Berg*

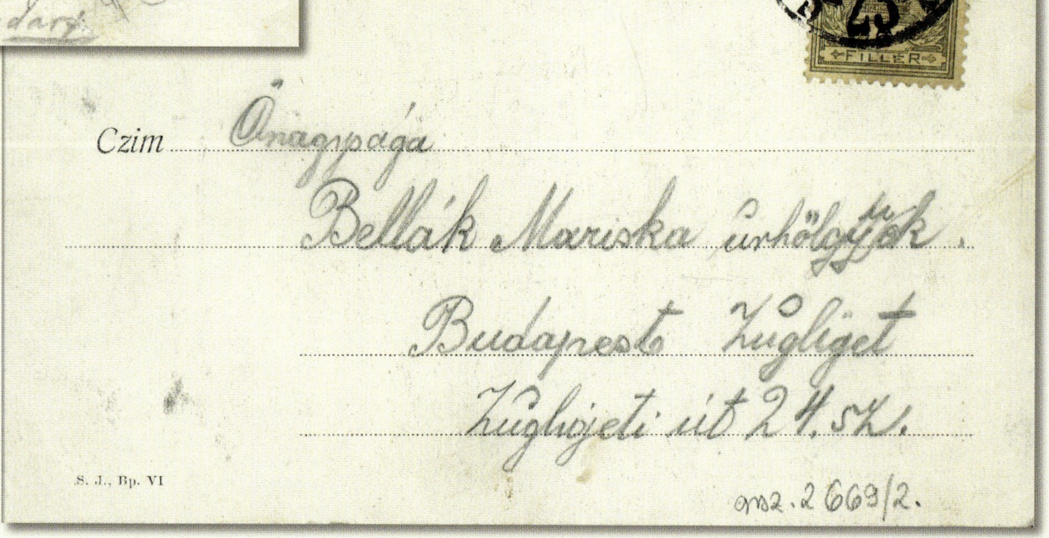


*21. Budapest – János-Berg*

Wann das Werk des Bildhauers Alajos Stróbl aufgestellt wurde, ist nicht genau bekannt, in einer Quelle aus dem Jahre 1902 werden die Büste und der Betstuhl jedoch bereits erwähnt. Auf dieser Ansichtskarte, die laut Poststempel am 8. Juni 1903 aufgegeben wurde, sind beide gut zu sehen.

## 22. *Budapest – János-Berg*

Der Eigentümer des Restaurants auf dem János-Berg hat ebenfalls Ansichtskarten der Elisabethgedenkstätte und des später entstandenen Aussichtsturms herausgegeben.

Budapest Erzsébet-kilátó a Jánoshegyen (529 m)

## 23. *Budapest – Elisabeth-Aussichtsturm*

Der Sváb-Berg und seine Umgebung waren Ende des 19. Jahrhunderts ein beliebtes Ausflugsziel der Budapester. In die dortigen alten Gasthäuser, wie das „Disznófő" und das „Szép Juhászné", kehrte auch Elisabeth bei ihren Spaziergängen ein. Die Ausflügler wanderten gerne auf den János-Berg, auf dem schon in den 1890er Jahren *„eine hohe, turmartige Gloriette [stand], (...) von deren Balkon man einen herrlichen Blick auf die sich zu beiden Seiten der Donau erstreckende Zwillingshauptstadt hat".*

Schon in den 1880er Jahren hatte man erwogen, anstelle des alten aus Holz einen aufwendigeren Aussichtsturm zu errichten. Die Idee wurde nach dem Tod der Königin erneut aufgegriffen, und auf den Aufruf von Frigyes Glück hin begann man mit dem Sammeln von Spenden. Die Stadt Budapest beschloss, das Bauwerk nach Königin Elisabeth zu benennen. Der 23,5 Meter hohe Aussichtsturm aus Stein wurde zwischen 1908 und 1910 nach den Plänen von Pál Klunzinger und Frigyes Schulek erbaut.

*24. Budapest – Elisabeth-Aussichtsturm*

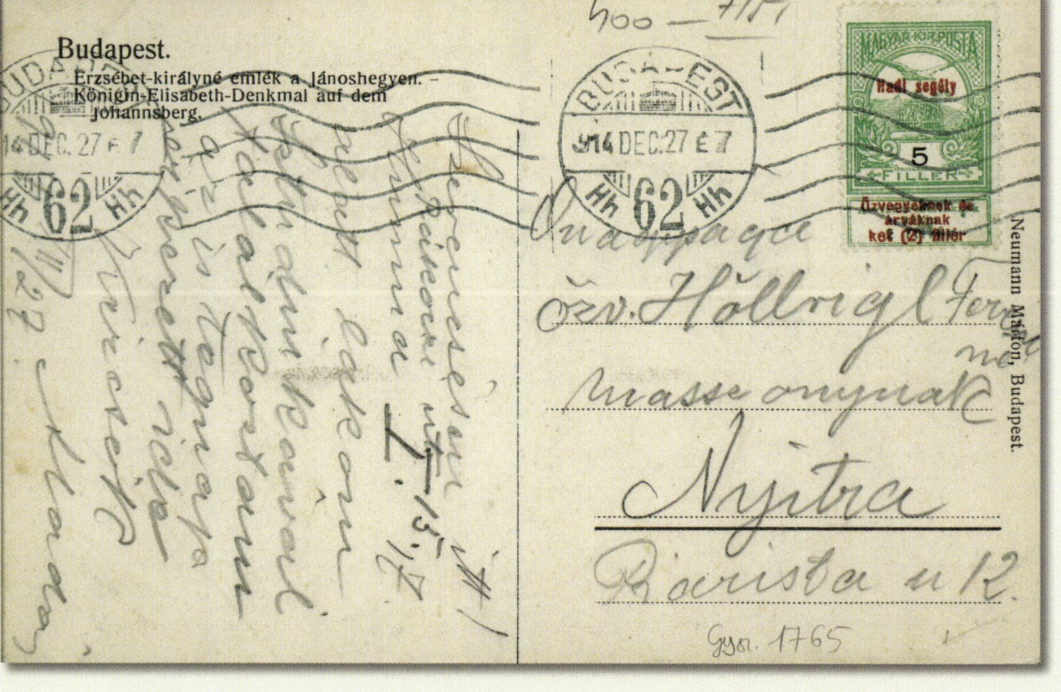


*25. Budapest – János-Berg*

Die von Alajos Stróbl aus carrarischem Marmor gefertigte Büste Elisabeths wurde im Bogengang im Erdgeschoss, gegenüber dem Eingang, platziert. Die Kosten für die Aufstellung wurden aus Spendengeldern gedeckt, die der Touristikverein Sváb-Berg gesammelt hatte. Die Wand hinter der Büste schmückten Glasmosaiken von Miksa Róth.

## 26. Budapest – Elisabeth-Krankenhaus

*„Der Rotkreuzverein der Länder der ungarischen heiligen Krone (...) hat aus eigenen Mitteln das ‚Elisabeth-Krankenhaus' errichtet, das den Namen ihrer Kaiserlichen und Königlichen Hoheit, der Königin, trägt und unter ihrer gnädigen Schirmherrschaft steht. (...) Das Krankenhaus ist in Friedenszeiten für nur 120 Patienten vorgesehen, in Kriegszeiten jedoch dient es ausschließlich der Versorgung verwundeter und kranker Soldaten".*

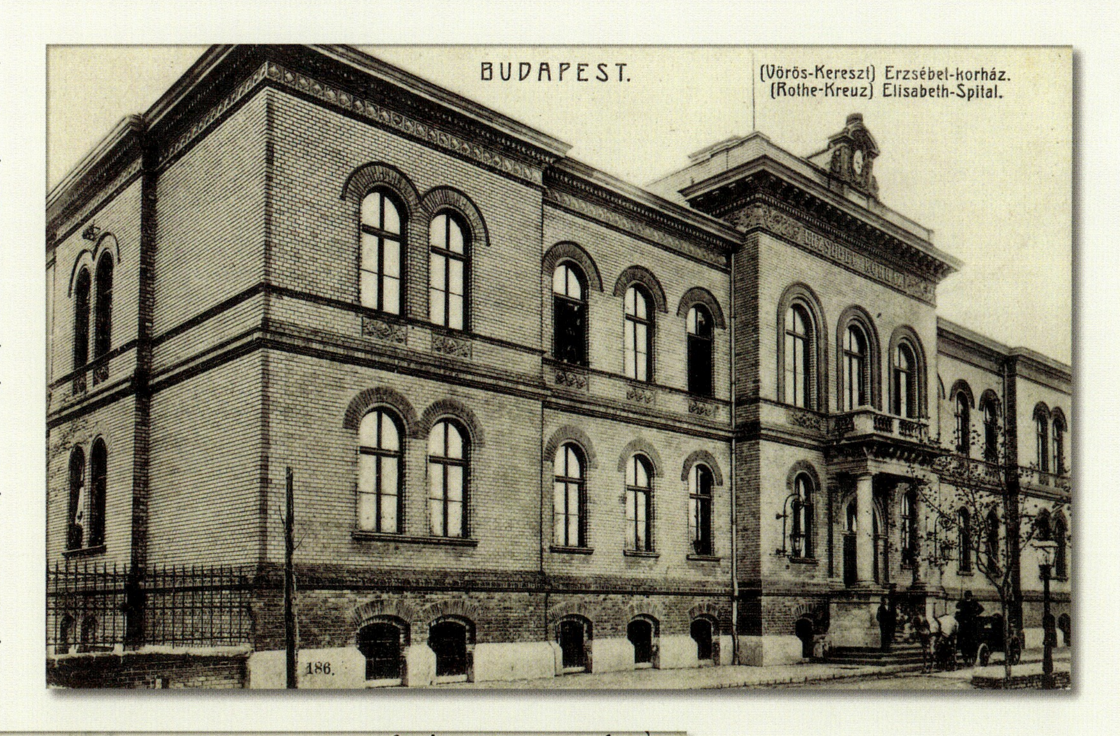

## 27. Budapest – Elisabeth-Krankenhaus

Das Elisabeth-Krankenhaus des Rotkreuzvereins (heute Sportkrankenhaus) wurde zwischen 1882 und 1884 nach den Plänen von Alajos Hauszmann am Fuße des Sváb-Berges erbaut. Das nach dem völlig neuen Pavillonsystem ausgelegte Krankenhaus wurde am 19. Oktober 1884 in Anwesenheit des Königs eingeweiht.

Ein wichtiger Ort des Elisabethkults ist die Kirche der Jungfrau Maria, besser bekannt als Matthiaskirche, in Buda. Frigyes Schulek legte beim Umbau der Kirche großes Gewicht auf Hinweise auf die Person der Königin, so stellt zum Beispiel ein Glasfenster in einem der Seitenschiffe das Leben der heiligen Elisabeth dar, und darunter befindet sich das Wappen der Königin Elisabeth. Auf dem Gemälde von Károly Lotz, das die Krönung im Jahre 1867 zeigt, knien die Königin und der König vor der Jungfrau Maria. Elisabeth schenkte der Sammlung der Kirche ihren Brautkranz sowie aus ihrem Hochzeitskleid geschneiderte Messgewänder, und nach ihrem Tod schenkten ihre Töchter der Kirche den Trauerornat, der aus dem Kleid im ungarischen Stil gefertigt worden war, das die Königin beim Millenniumsgottesdienst getragen hatte.
Die Elisabethskulptur aus carrarischem Marmor vor der Sankt-Stephans-Kapelle ist das Werk des Bildhauers György Zala.

28. *Budapest – Matthiaskirche*

29. *Budapest – Gellért-Berg*

Das große Restaurant auf dem Gellért-Berg neben der Zitadelle besuchte auch Elisabeth bei ihren Spaziergängen. Zu ihrem Andenken wurde in einem Raum des Restaurants ein Gedenkzimmer eingerichtet und im Garten eine Gedenktafel angebracht. Es muss eine frequentierte Restauration gewesen sein; sie verfügte über eine überdachte Kegelbahn und unterhielt die Gäste – der Aufschrift auf der Ansichtskarte zufolge – an Sonn- und Feiertagen mit Marschmusik.

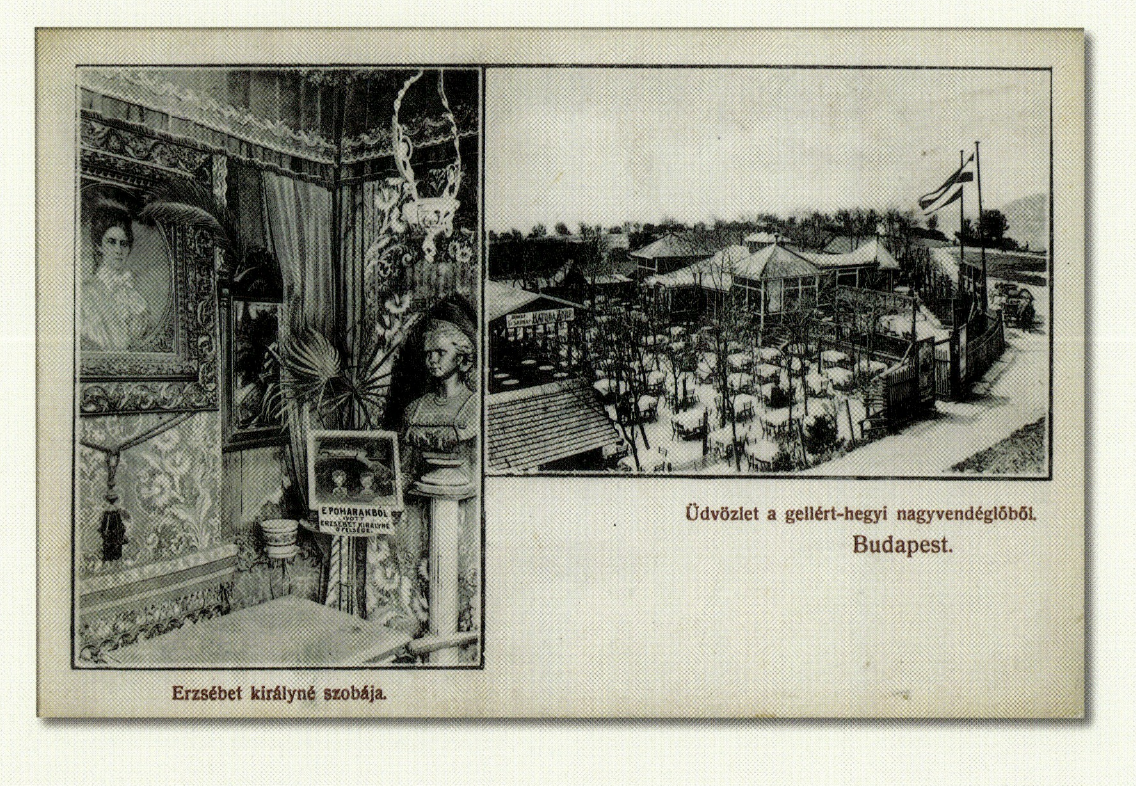

## 30. Budakeszi – Elisabeth-Sanatorium

Die Gründung des Elisabeth-Sanatoriums hängt mit dem Kampf Ungarns gegen die Tuberkulose zusammen. Für seinen Bau wurden auf Initiative von Baron Frigyes Korányi und unter der Schirmherrschaft von Franz Joseph I. im ganzen Land Spenden gesammelt. Die Stadt stellte ein großes Grundstück auf dem Gelände zwischen dem für seine gute Luft bekannten János-Berg und der Ortschaft Budakeszi zur Verfügung. Mit dem Bau wurde im September 1900 nach den Plänen von Győző Czigler begonnen, und am 10. November 1901 war das Sanatorium, in dem 116 Patienten untergebracht werden konnten, bereits in Betrieb. Am 24. Mai 1904 stattete auch der König der inzwischen in ganz Europa berühmten Einrichtung einen Besuch ab. Einige Jahre später wurde das Sanatorium nach den Plänen von Nándor Morbitzer und Flóris Korb um einen neuen Flügel erweitert. Die Kosten wurden durch die „Lotterieanleihe Elisabeth-Sanatorium" gedeckt. Am 6. Januar 1911 war der neue Flügel fertiggestellt, und die Zahl der Betten erhöhte sich auf 220.

## 31. Budakeszi – Elisabeth-Sanatorium

In der Eingangshalle des Sanatoriums stand die Büste der Namensgeberin Königin Elisabeth.

## 32. *Budakeszi – Elisabeth-Sanatorium*

Die Patienten konnten aus dem Sanatorium auch Ansichtskarten verschicken. Der Stempel auf den Briefmarken ist schwer zu entziffern, beweist jedoch, dass es in der Einrichtung auch ein Postamt gab. Diese Karte schickte ein ehemaliger „Patient" an eine Schwester, die im „Franz-Joseph-Angestelltenkrankenhaus" arbeitete, und gab dabei genau an, in welchem Zimmer des Sanatoriums er lag ...

## 33. *Budapest – Elisabethbrücke*

Die nach der Königin benannte Brücke wurde zwischen 1899 und 1903 nach den Plänen von Aurél Czekélius erbaut. Die Einweihungsfeier fand am 10. Oktober 1903 bei strömendem Regen statt. Den König vertrat Erzherzog Joseph, der in seiner Rede *„betonte, dass die der Hauptstadt zur Zierde gereichende Brücke ein Werk des ungarischen Gewerbes ist und alle Ungarn den Namen, den sie trägt, tief in ihrem Herzen bewahren"*. (Vasárnapi Újság, 18. Oktober 1903) Diese Ansichtskarte hebt sich nicht nur durch ihre Größe von den übrigen ab, sondern auch durch ihre Aufschrift, die der Welt stolz verkündet, dass es sich um die Brücke mit der größten Spannweite der damaligen Zeit handelt. „Die größte Spannweite aller Brücken auf der Welt hat mit 258 Metern die Niagarabrücke – die Spannweite der Elisabethbrücke beträgt 290 Meter."

*34. Budapest – Clothilde-Paläste*

Erzherzogin Clothilde ließ um die Wende vom 19. zum 20. Jahrhundert zwei Mietspaläste am Pester Donauufer bauen, und an dieser Stelle entstand die Auffahrt zur Elisabethbrücke. Auf der 1902 aufgegebenen Ansichtskarte ist hinter den neuen Clothilde-Palästen das Baugerüst der beinahe fertiggestellten Brücke zu sehen. Da das Bild die ganze Vorderseite einnimmt und auch auf der ungeteilten Rückseite kein Platz dafür ist, musste der Absender seine Mitteilung zwischen die beiden Paläste schreiben.

Auf der nachträglich von Hand kolorierten Ansichtskarte ist das 1902 vollendete Denkmal von Bischof Gellért – das Werk von Gyula Jankovits – auf dem Berghang zusammen mit der in den Fels gehauenen Treppe von der Brücke aus zu sehen. Bei der Einweihung der Brücke *„wurde auch der künstliche Wasserfall unter dem Denkmal in Betrieb gesetzt, den das Publikum bei dieser Gelegenheit zum ersten Mal sah."* (Vasárnapi Ujság, 18. Okt. 1903)

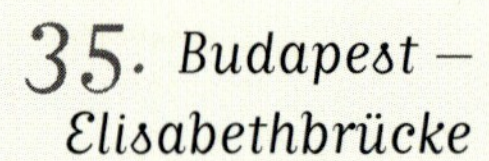

*35. Budapest – Elisabethbrücke*

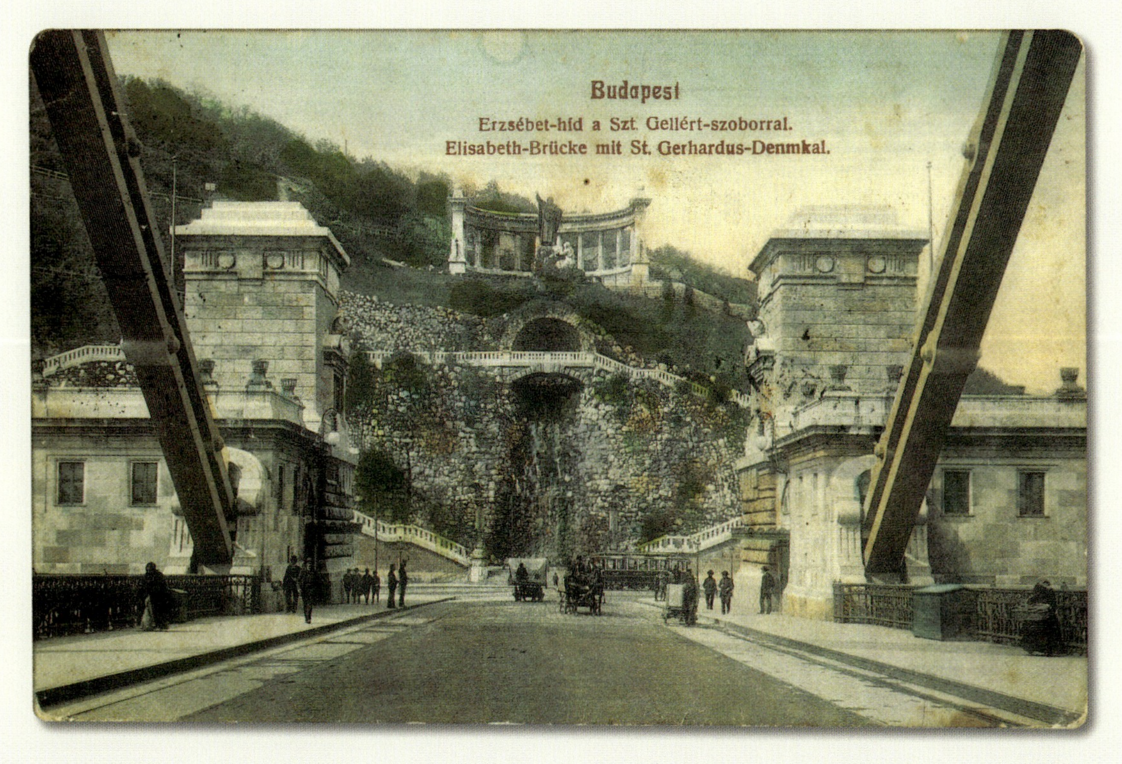

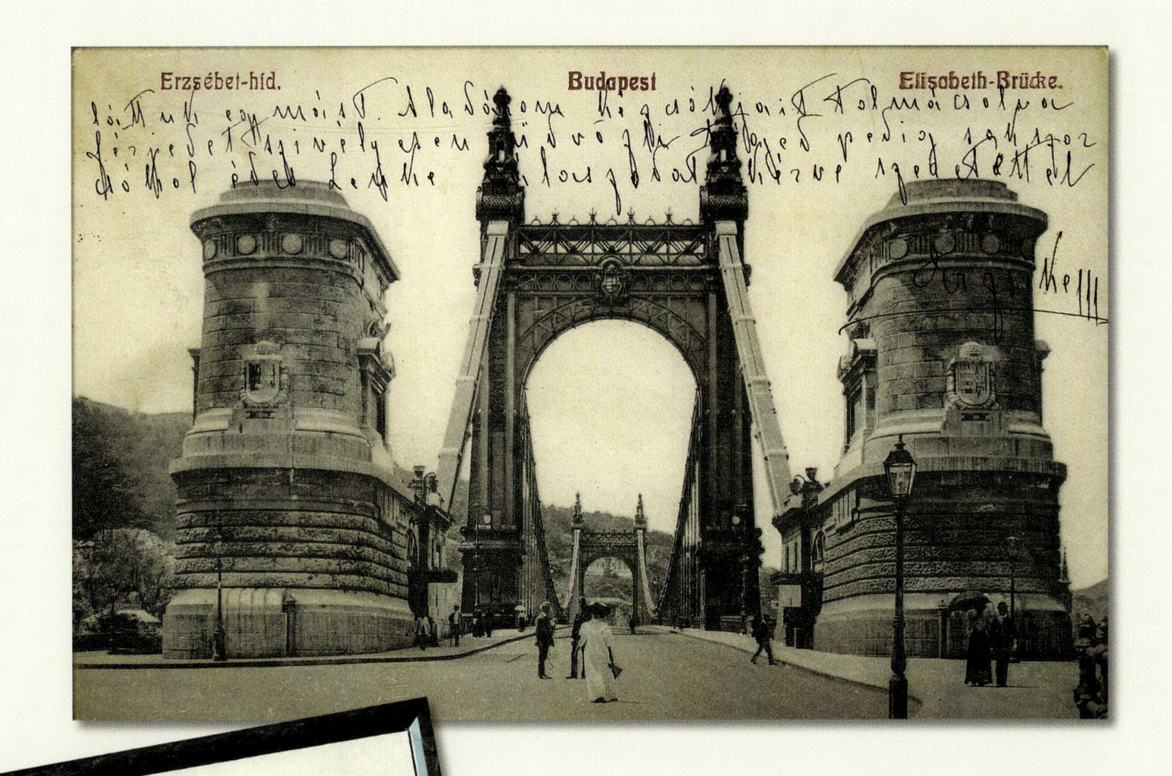

36.–38. Budapest – Elisabethbrücke

*39. Budapest – Elisabethbrücke*

Nach der Jahrhundertwende kamen die mehrteiligen, ausklappbaren Ansichtskarten wie die hier gezeigte mit dem Donaupanorama in Mode.

*40. Budapest – Ansicht*

*41. Budapest – Aussicht vom Gellért-Berg*

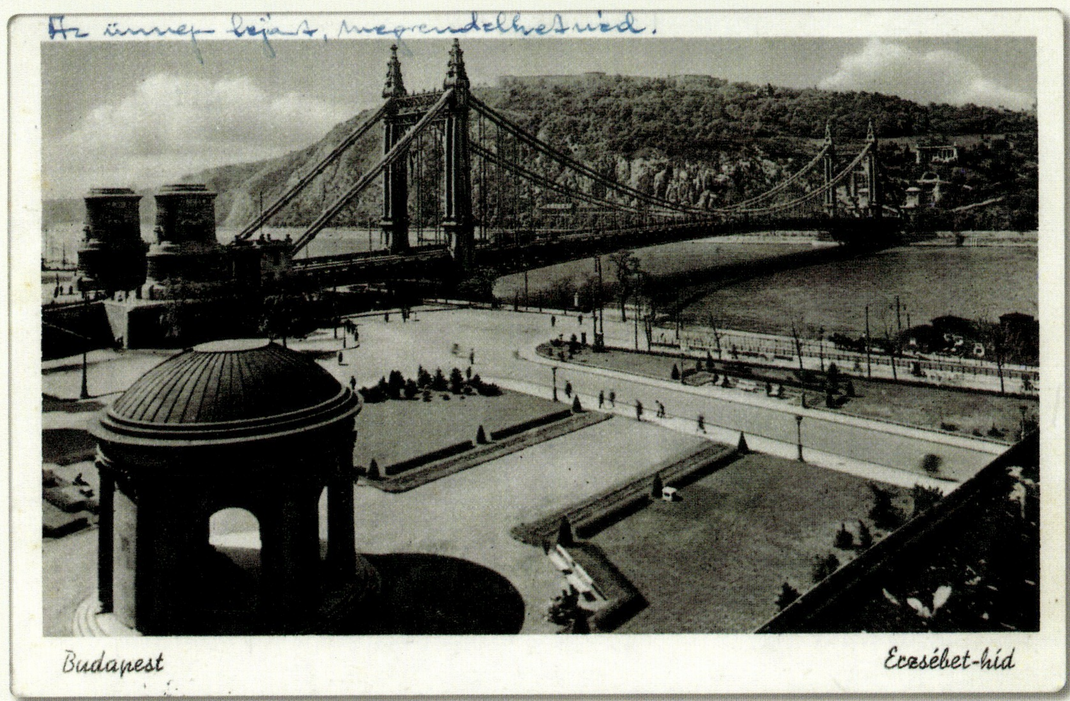


## 42. Budapest – Elisabethbrücke

In der linken Ecke der Ansichtskarte, am Pester Brückenpfeiler der Elisabethbrücke, ist der für die Bronzeskulptur der Königin errichtete Steinpavillon zu sehen, der im Jahre 1932 eingeweiht wurde.

## 43. *Budapest – Kaffeehaus Elisabethbrücke*

Das „Erzsébet-híd" (Elisabethbrücke) war ein bekanntes Kaffeehaus des Budapester Stadtviertels Tabán. Es wurde von Literaten frequentiert war der Stammplatz der Tischgesellschaft „Leben", zu der auch Dezső Kosztolányi, Gyula Juhász, Sándor Sík, László Márkus, Gyula Török und Aurél Kárpáti gehörten, sowie eine Zeitlang auch der Budaer Schachgesellschaft.

## 44. *Budapest – Csillaghegy*

Im III. Budapester Bezirk, in dem kleinen Park in der Vasútsor im Stadtteil Csillaghegy, wurde im Jahre 1906 das Werk von Ferenc Raáb aufgestellt. Die 80 Zentimeter hohe Steinbüste steht auf einem 1,8 Meter hohen Sockel. Der frisch angelegte kleine Park und das mit einem weiß gestrichenen niedrigen gusseisernen Zaun umgebene Denkmal der Königin sind auf der Ansichtskarte deutlich zu sehen.

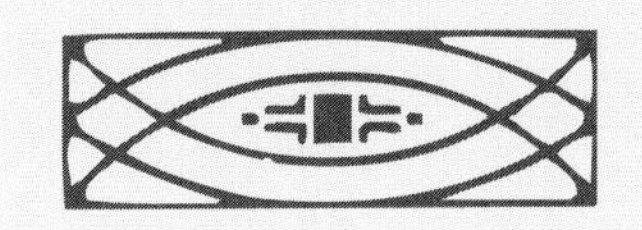

# ANSICHTSKARTEN AUS PEST

## 45. Budapest – Elisabethplatz

Zur Erinnerung an die Ungarnrundreise des Kaiserpaares im Jahre 1857 benannte die Stadt Budapest zwei wichtige Plätze nach ihnen: Der Platz vor der Ungarischen Akademie der Wissenschaften erhielt den Namen Franz-Joseph-Platz, und der Platz des Deutschen Theaters wurde in Elisabethplatz umbenannt.

## 46. Budapest – Elisabethplatz

Im Jahre 1870 wurden auf dem Elisabethplatz nach den Plänen von Alajos Hauszmann der Kiosk und die Milchbar errichtet. Im Erdgeschoss des eklektischen Gebäudes befand sich ein Kaffeehaus, in der ersten Etage ein mit Fresken geschmückter großer Saal, der oft als Tanzsaal genutzt wurde. Die vornehme Restauration wurde zu einem beliebten Treffpunkt der Budapester Gesellschaft, wodurch auch ihr Architekt bekannt wurde.

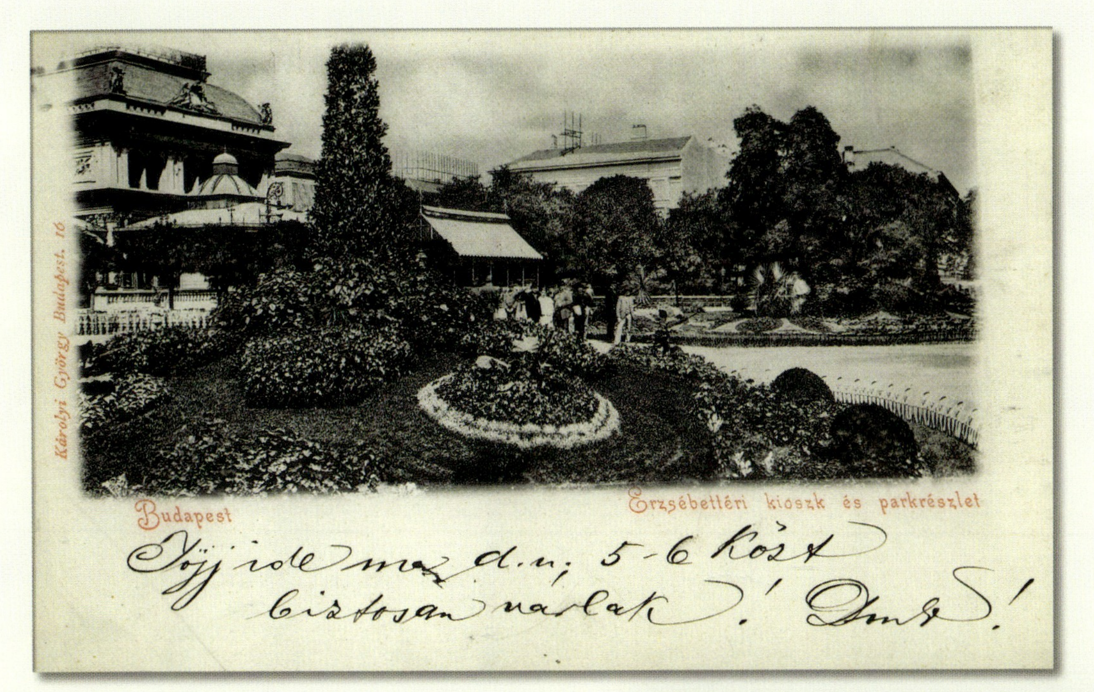


## *47. Budapest – Elisabethplatz*

Auf dem Elisabethplatz wurde ein Park mit wunderbaren Blumenrabatten angelegt. Auf der großen Terrasse des Kiosks spielte im Sommer täglich eine Militärkapelle.

## *48. Budapest – Elisabethplatz*

Und dann veränderte sich das Gebäude plötzlich: *„Der Nationale Salon auf dem Elisabethplatz ist heute so ziemlich das bizarrste Gebäude in Budapest. Es hat ein regelrechtes Janusgesicht: Sein unterer Teil und seine zum Platz gelegene Fassade bilden den altbekannten Renaissancekiosk, wie wir ihn gewohnt sind, sein erster Stock und die zur Straße gelegene Fassade aber stellen ein bizarres, mit beflügelter Fantasie und mutiger Zeichenfederführung entworfenes modernes Gebäude dar."* (Vasárnapi Ujság, 17. März 1907) Man hatte die Bauarbeiten ausgeführt, ohne Alajos Hauszmann zu fragen.

## *49. Budapest – Nationaler Salon*

Mit dem Umbau im Sezessionsstil beauftragte man im Jahre 1907 die Architekten László und József Vágó. Danach wurde das Gebäude vom Verein der Ungarischen Bildenden Künstler und Kunstliebhaber als Ausstellungsraum genutzt. Hier wurden im Jahre 1907 die Ausstellung der Werke Gauguins, 1911 die Ausstellung der „Acht" und 1912 die Präsentation der französischen Impressionisten und der italienischen Futuristen veranstaltet.

## 50. Budapest – Erzsébetfalva

Das Dorf, das schon bald ein Stadtteil von Budapest wurde (heute Pesterzsébet, der XX. Budapester Bezirk), erhielt seinen Namen (Elisabethdorf) im Jahre 1870 zu Ehren der Königin Elisabeth.
Am Ende der Hauptstraße ist die im Jahre 1909 erbaute römisch-katholische Kirche zu sehen, die „Königin-Elisabeth-Votivkirche" hieß.

## 51. Budapest – Erzsébetfalva

Rechts auf der Ansichtskarte ist das prunkvolle Rathaus zu sehen.

*52. Budapest – Erzsébetfalva*

*53. Budapest – Erzsébetfalva*

Die meisten Ansichtskarten des Stadtteils wurden von den dort ansässigen Geschäftsleuten herausgegeben, sodass die Firmenschilder der Geschäfte deutlich zu erkennen sind.

*54. Budapest – Erzsébetfalva*

Im Jahre 1872 eröffneten die Geschwister Schmidt im Süden der Pester Innenstadt das Hotel Königin Elisabeth mit fünfzig Zimmern. Die Genehmigung für den Namen hatten sie von der Königin selbst eingeholt. In der Zeitschrift *„Hauptstädtisches Blatt"* hieß es: *„... die Einrichtung wird geschmackvoll und zweckmäßig, es wird auch ein Kaffeehaus darin sein, und da es in diesem Teil der Innenstadt kein einziges Hotel gibt, dürfte es ein einträgliches Geschäft werden."* (Gundel–Harmath, S. 86)

55. *Budapest – Hotel Königin Elisabeth*

56. *Budapest – Hotel Königin Elisabeth*

Die Vorhersage der Zeitschrift traf leider nicht ein, die Bauherren gingen bankrott. Nach mehrmaligem Eigentümerwechsel pachtete Oberkellner Imre Szabó das Hotel und erweiterte es sogar noch durch ein auf dem Nachbargrundstück errichtetes sechsstöckiges Gebäude, das Hotel Szabó. Das alte Gebäude war unterdessen bis 1945 unter seinem ursprünglichen Namen, als Hotel Königin Elisabeth, in Betrieb. Auf der Ansichtskarte, die das Kaffeehaus zeigt, ist auch ein Gemälde der Namensgeberin zu sehen.

## *57. Budapest – Hotel Königin Elisabeth*

Nach dem Umbau des Kellers eröffnete Imre Szabó im Jahre 1927 die Held-János-Bierstube (den Ansichtskarten zufolge: Elisabeth-Keller), dessen Wände zwölf Wandbilder von Béla Sándor, Illustrationen zu den Gedichten Sándor Petőfis, schmückten.

## *58. Budapest – Hotel Königin Elisabeth*

Ein Waldgemälde von Béla Sándor im Elisabeth-Keller zu einer Szene von Sándor Petőfis „Held János". Herr Szabó dürfte sich nicht von ungefähr für dieses und die anderen Gemälde entschieden haben, denn Königin Elisabeth las gerne in den Gedichten Petőfis …

59. Budapest – Elisabethring

Wären die Pläne des Ingenieurs Ferenc Reitter umgesetzt worden, befände sich an der Stelle des Großen Rings heute ein schiffbarer Kanal, denn hier befand sich ehemals ein Wassergraben, den man „nur" hätte vertiefen müssen.

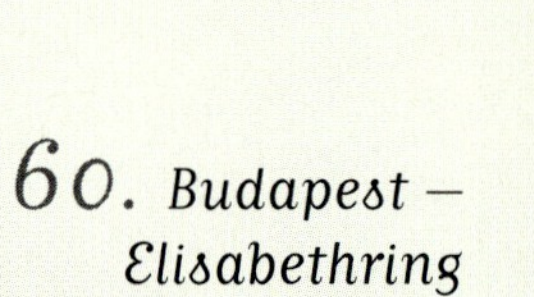

60. Budapest – Elisabethring

Er war bereits am Ende des 19. Jahrhunderts eine der belebtesten Straßen Budapests.

## 61. Budapest – Elisabethring

Mit seinem Bau wurde im Jahre 1872 begonnen; er sollte die Außenbezirke der Stadt miteinander verbinden. Der Hauptstädtische Rat für Öffentliche Arbeiten übergab der Stadt die von der Donau bis zur Donau reichende Straße am 31. August 1896.

## 62. Budapest – Elisabethring

Unter den auf die Ansichtskarte montierten Budapester Bürgern befindet sich auch ein Fotograf mit seiner Kamera ...

Im Jahre 1879 wurde der Vorschlag gemacht, den VII. Bezirk Budapests nach der Königin zu benennen. Nach langem Überlegen gab sie schließlich ihr Einverständnis, sodass der ganze Bezirk seit Februar 1882 Elisabethstadt und der durch ihn verlaufende Teil des Großen Rings Elisabethring heißt.

*63. Budapest – Elisabethring*

*64. Budapest – Elisabeth- und Theresienring*

*65. Budapest – Elisabethring*

Der Große Ring war für seine Kaffeehäuser und Hotels bekannt. Auf dieser Ansichtskarte ist das Hotel Royal mit den davor wartenden Fiakern zu sehen.

*66. Budapest – Park Club*

Der nach den Plänen des Architekten Artúr Meinig errichtete Klub wurde im Mai 1895 eröffnet. Im Erdgeschoss befanden sich in prunkvollem Rokokostil ausgestattete Empfangs-, Speise-, Café-, Billard- und Lesesäle. Im ersten Stock lagen Herren- und Damensalons, Garderoben und der große Saal, in dem regelmäßig Konzerte, Tanzvergnügen und sonstige Feste veranstaltet wurden. In dem kunstvoll gestalteten Park, der das Gebäude umgab, dienten schattige Lauben, Tennis- und Kegelplätze, ein Schießstand, eine künstliche Tropfsteinhöhle mit Wasserfall sowie ein kleiner See mit einer Insel der Zerstreuung. Elisabeth war bei einer Kutschfahrt auf den Klub aufmerksam geworden.

LEVELEZŐ LAP

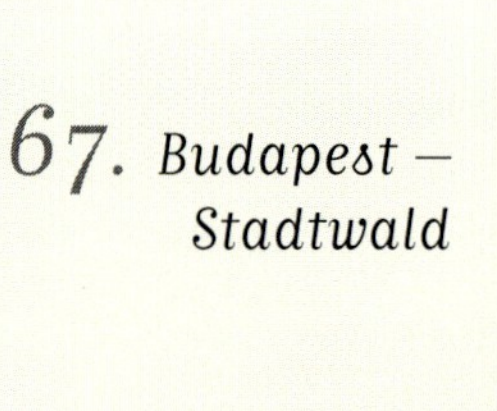

## 67. Budapest – Stadtwald

Von den 1880er Jahren an betrieb der aus der Schweiz stammende Emil Gerbeaud auf dem Gisela-Platz (heute Vörösmarty-Platz) eine frequentierte Konditorei im französischen Stil. Auf der Millenniumsausstellung (1896) im Stadtwald mietete er das schönste Gebäude, das die Budapester Gewerbetreibenden nach den Plänen von Miklós Ybl noch im Jahre 1885 anlässlich der Landesausstellung für die königliche Familie errichtet hatten. 1896 wurde es renoviert und von einer Terrasse umgeben und zu einem stimmungsvollen Restaurant umgestaltet. Elisabeth besuchte den „Pavillon Royal Gerbeaud" im Jahre 1897 in Begleitung von Erzherzogin Gisela und ihrem Gefolge. Diesen Besuch zeigt das bekannte Gemälde von Lajos Márk.

## 68. Budapest – der Salondampfer „Königin Elisabeth"

Die 1895 gegründete Königlich-Ungarische Fluss- und Seeschifffahrts-Aktiengesellschaft ließ im Millenniumsjahr 1896 vier Schwesterschiffe – „Königin Elisabeth", „Graf István Széchenyi", „Ferenc Deák" und „Franz Joseph I." – in der Újpester Schiffswerft bauen. Der 74 Meter lange Dampfer „Königin Elisabeth", der 2 Schornsteine hatte und Platz für 1000–1200 Personen bot, verkehrte von Wien bis zur Donaumündung.

## 69. *Budapest – Mátyásföld*

1891 kaufte der Verein der Mátyásfölder Laubenbesitzer den Wald, der sich in der Mitte der Laubenkolonie erstreckte, und gestaltete ihn in mehrjähriger Arbeit in einen schönen Parkwald um. Zum Andenken an die Königin gab er ihm in seiner Sitzung am 2. Dezember 1898 den Namen „Elisabethhain".

## 70. *Budapest – Kispest*

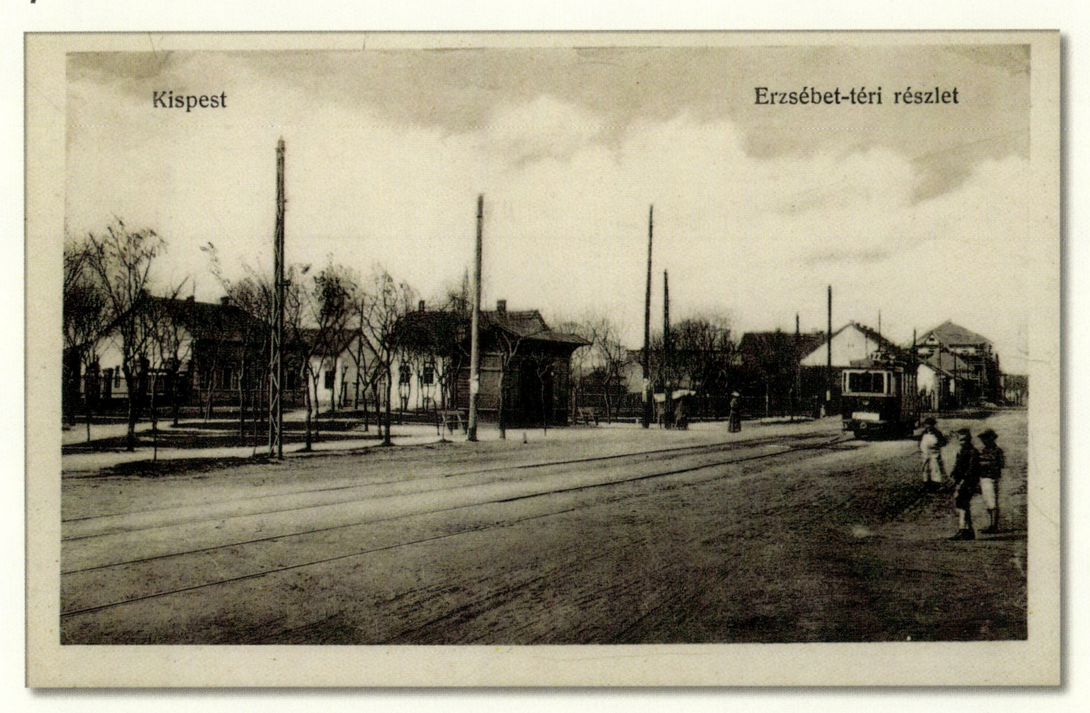


Dieser bedeutende Platz des im Jahre 1871 entstandenen Stadtteils Kispest wurde wahrscheinlich in den 1890er Jahren nach Elisabeth benannt. Die Ansichtskarte wurde in einer örtlichen Druckerei hergestellt.

## *71. Budapest – Elisabeth-Frauenschule*

Den Namen nahm die Schule im Jahre 1898 mit der Erlaubnis des Königs an. *„Dieser Name ist jedoch nicht einfach ein Zeichen der Pietät, nicht nur passive Dankbarkeit und ein Zeichen der Ehrerbietung gegenüber der großen Königin, sondern er bestimmt die Ausrichtung der Tätigkeit des Instituts, das auf diese Weise Königin Elisabeth als Vorbild für die weiblichen Tugenden zu ihrem Ideal wählt."* (Emlékkönyv, S. 6) In das schöne Gebäude in der István-Straße zog die Schule im Jahre 1902.

## *72. Budapest – Elisabeth-Frauenschule*

Die *„Budapester Elisabeth-Frauenschule, die Lehrerinnen für die höheren Volksschulen und die Mädchenoberschulen ausbildet und das einzige staatliche Institut dieser Art im ganzen Land"* ist. (Vasárnapi Ujság, 3. Juli 1904)

*73. Budapest – Elisabeth-Frauenschule*

Aus der zum Teil als Internat betriebenen Schule konnten die Schülerinnen auf verschiedenen Ansichtskarten Grüße nach Hause schicken.

*74. Budapest – Elisabeth-Frauenschule*

Die Titelseite des Schultagebuchs der Elisabeth-Frauenschule mit dem Porträt der Königin.

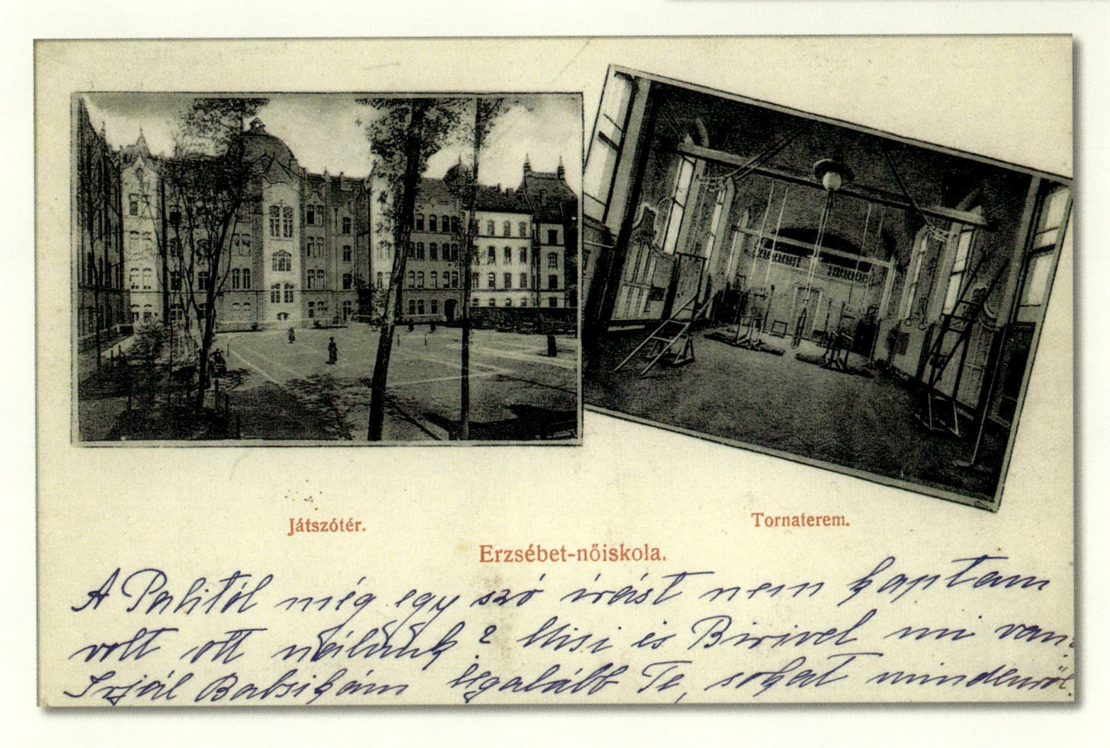


*75. Budapest – Elisabeth-Frauenschule*

Neuauflage einer vor 1905 vom Atelier György Klösz und Sohn herausgegebenen Ansichtskarte. Auf der Vorderseite hatte man Platz für die Mitteilung gelassen, was der Schreiber auch ausgenutzt hat …

## 76. *Budapest – Rákospalota*

Einer Legende zufolge verirrten sich Königin Elisabeth und Ida Ferenczy bei einer Jagd im Spätherbst und flüchteten sich in die Schenke des János Rókay. Sie aßen zu Abend, gaben sich jedoch nicht zu erkennen. Erst als man ihnen die liegen gelassene Pferdedecke zurückgab, stellte sich heraus, dass die Königin von Ungarn in der Rókay-Schenke zu Gast gewesen war ... Zur Erinnerung an diesen Besuch legten die Bewohner des Ortes einen kleinen Hain an. Die Skulptur wurde im November 1899 im Hof des Mädchenerziehungsheims enthüllt.

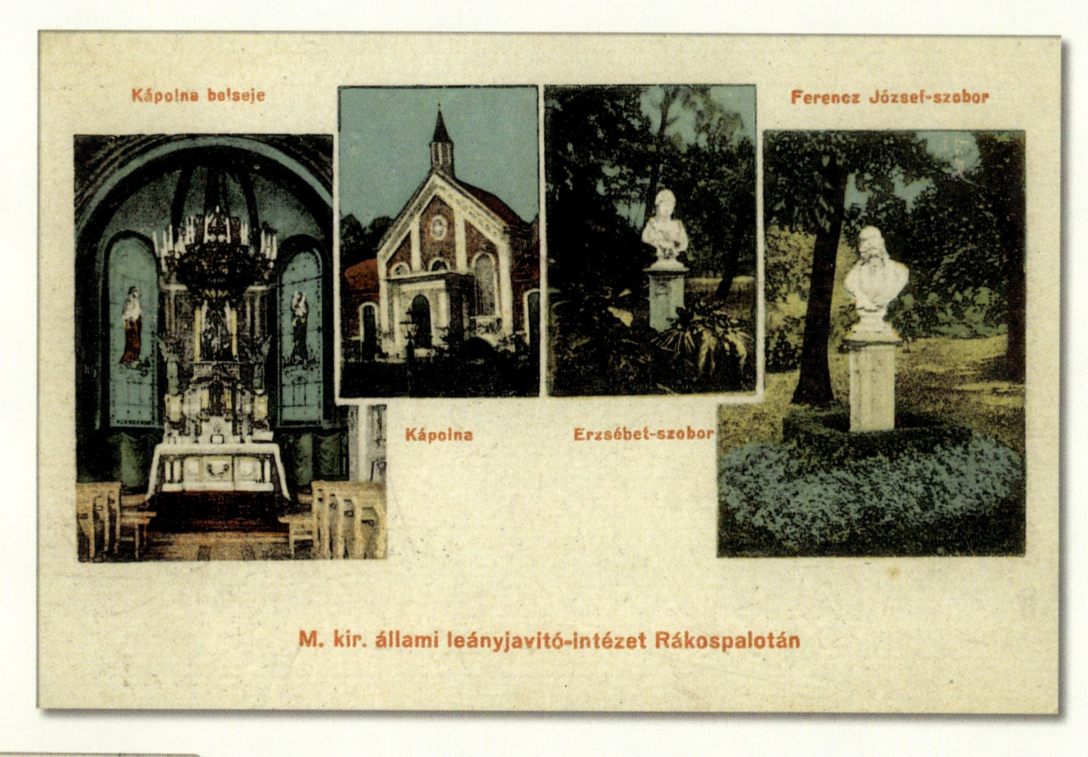


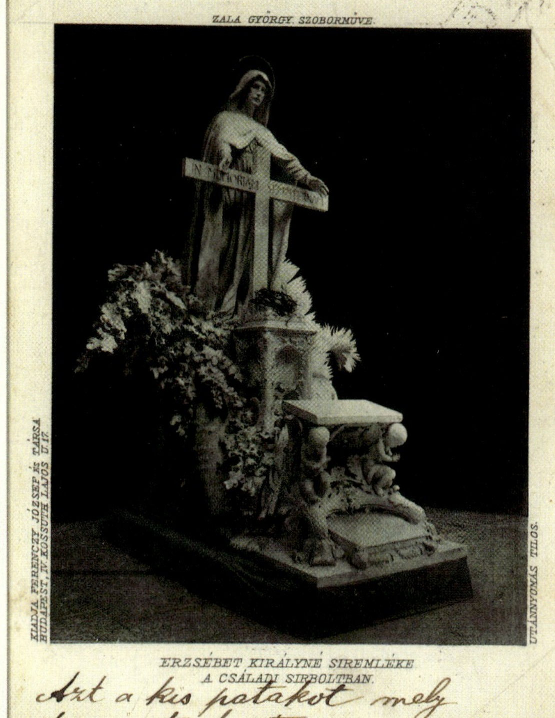


## 77. *Wien – Grabmal Königin Elisabeths*

Das Grabmal in der Wiener Kapuzinergruft liegt nicht in Ungarn, ist jedoch eine wichtige Gedenkstätte des ungarischen Elisabethkults. Bei der Versammlung des Landesvereins für Frauenbildung am 21. September 1898 wurde der Vorschlag gemacht, *„als Symbol der Nächstenliebe, des Friedens und der Güte einen Altar über den sterblichen Überresten"* der Königin Elisabeth in der Wiener Kapuzinergruft *„zu errichten"*. Auf Ersuchen des ungarischen Frauenvereins erlaubte der König eine Ausnahme von der strengen Regel der spanischen Etikette, laut welcher nur Herrscher Kränze auf den Särgen der Herrscherfamilie niederlegen durften. Die Idee des Kranzes erweiterte sich unterdessen zu einem Grabmal, das György Zala dann im Oktober 1899 fertigstellte. Das sieben Meter hohe Grabmal wurde am 25. August 1900 zwischen den Särgen von Königin Elisabeth und Thronfolger Rudolf in der Kapuzinergruft aufgestellt. Im Jahre 1916 nahm der Sarg Franz Josephs I. seinen Platz ein.

## 78. *Budapest – Atelier von György Zala*

Die Werke des Bildhauers György Zala kündeten in ganz Ungarn von der Schönheit Elisabeths. Die meisten Skulpturen zeigten die Königin auf dem Höhepunkt ihrer Schönheit, im ungarischen Galagewand und mit einem kronenähnlichen Kopfschmuck. Interessant ist auch die Komposition der Ansichtskarte: Im Mittelpunkt steht die eben in Arbeit befindliche neueste Skulptur der Königin, während sich der Bildhauer bescheiden im Hintergrund hält …



## 79. *Budapest – Andrássy-Denkmal*

Das von György Zala entworfene 6,5 Meter hohe Reiterdenkmal aus Bronze wurde am 2. Dezember 1906 auf dem Platz vor dem Parlamentsgebäude in Anwesenheit der königlichen Familie, der ungarischen politischen Elite und Graf Gyula Andrássys d. J. enthüllt. Der Künstler hat Gyula Andrássy in ungarischer Paradeuniform, auf einem edlen Pferd sitzend und mit abgenommenem Hut abgebildet. Der Bronzeguss wurde in der Gießerei József Róna ausgeführt.

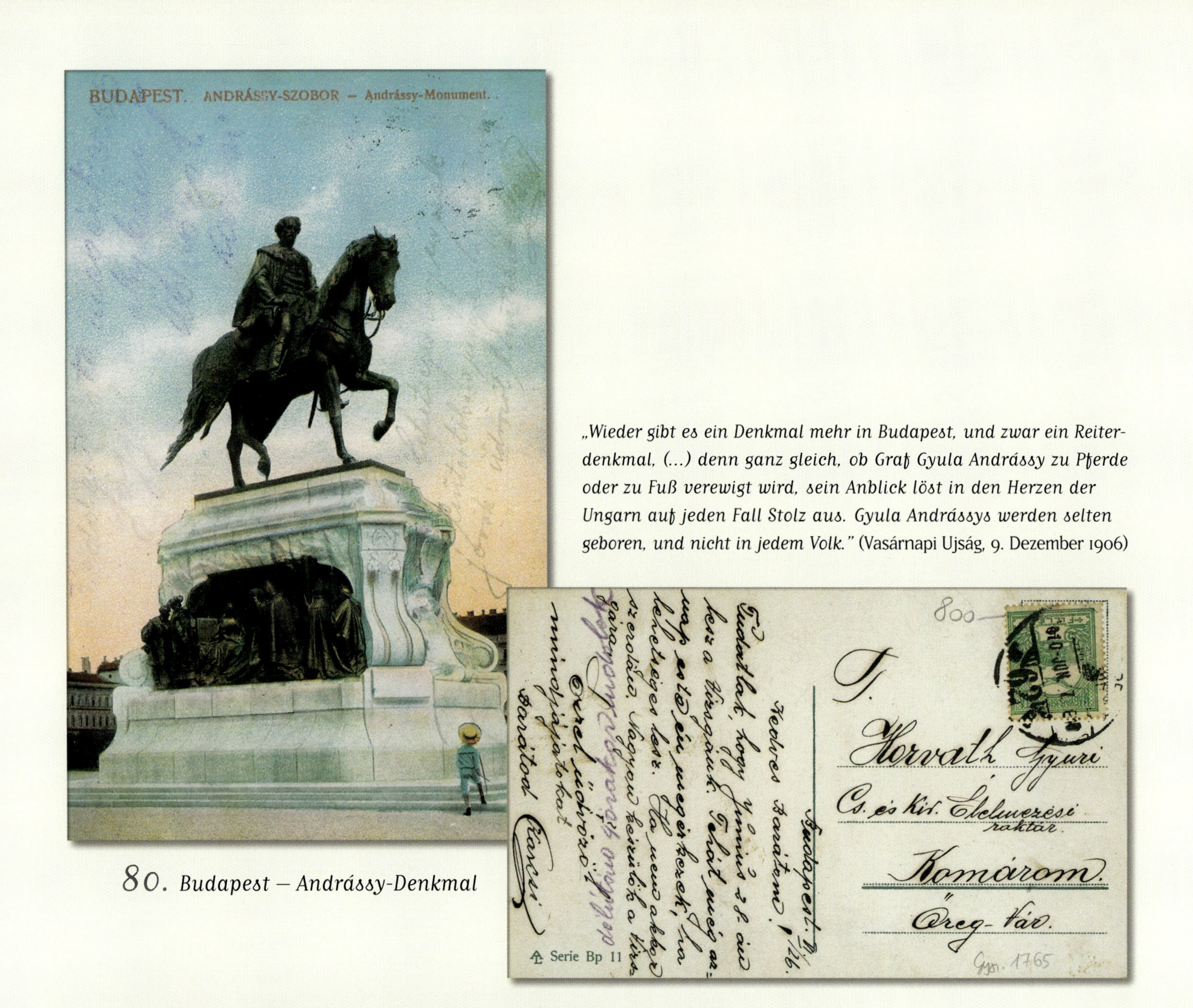


80. Budapest – Andrássy-Denkmal

*„Wieder gibt es ein Denkmal mehr in Budapest, und zwar ein Reiterdenkmal, (...) denn ganz gleich, ob Graf Gyula Andrássy zu Pferde oder zu Fuß verewigt wird, sein Anblick löst in den Herzen der Ungarn auf jeden Fall Stolz aus. Gyula Andrássys werden selten geboren, und nicht in jedem Volk."* (Vasárnapi Ujság, 9. Dezember 1906)

81. Budapest – Andrássy-Denkmal

Der Entwurf für das Postament aus grauem Marmor aus Oraviţa stammt von Ernő Foerk. Es ist auf beiden Seiten mit Reliefs, die Szenen aus dem Leben des Politikers darstellen, verziert: Das eine zeigt die Krönung im Jahre 1867, als Ministerpräsident Graf Gyula Andrássy, der den Palatin vertrat, zusammen mit János Simor, Erzbischof zu Esztergom, Franz Joseph I. krönte. Links ist die schlanke Gestalt Königin Elisabeths zu sehen.

## 82. *Budapest – Denkmal Graf Gyula Andrássys*

Das Besondere an der außerhalb Ungarns herausgegebenen kolorierten Ansichtskarte ist, dass im Hintergrund auch die Budaer Seite mit der umgebauten Kirche der Jungfrau Maria (Matthiaskirche) und der Fischerbastei zu sehen ist.

## 83. *Budapest – Örökimádás-Kirche*

Die Örökimádás-Kirche (Kirche der ewigen Anbetung) wurde nach den Plänen des Architekten Sándor Aigner in der Üllői-Straße erbaut und am 8. September 1908 eingeweiht. In der Seitenkapelle neben dem Haupteingang wurde eine Ganzkörperskulptur Elisabeths aus weißem Marmor, das Werk von Herman Klotz, aufgestellt, die der Marmortafel an der Wand der Kapelle zufolge *„Baron Ferenc Nopcsa, Gräfin Mária Festetics und Ida Ferenczy zum Zeichen ihrer ewigen Dankbarkeit und ihrer tiefsten Ergebenheit gegenüber Königin Elisabeth, ihrer unvergesslichen gnädigen Herrscherin"* errichten ließen.

## 84. *Budapest – Örökimádás-Kirche*

Die Zeichnung, die die Malerin Nelli R. Hirsch von Elisabeth angefertigt hatte, wurde aufgrund einer Idee der späteren Vorsitzenden der Königin-Elisabeth-Gedenkkommission, Markgräfin Edéné Pallavicini, als Gebetbuchbild verkauft und später auch als Ansichtskarte verlegt.

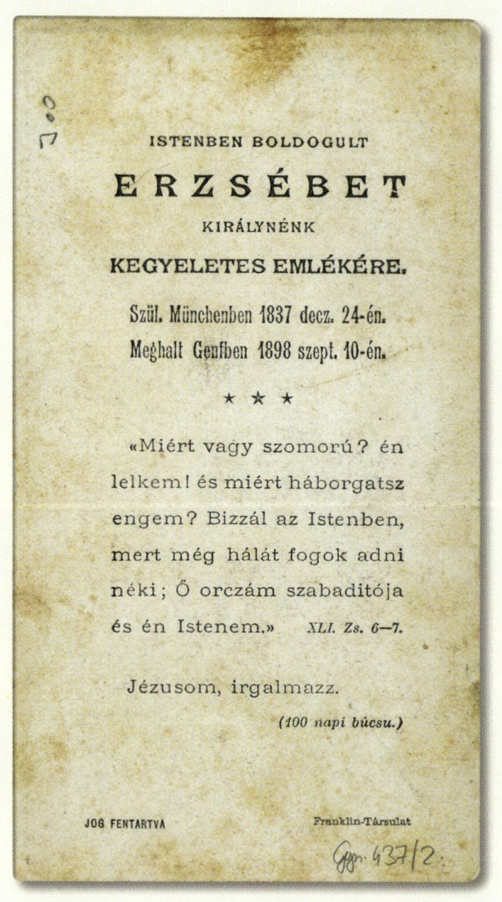

ISTENBEN BOLDOGULT

ERZSÉBET

KIRÁLYNÉNK

KEGYELETES EMLÉKÉRE.

Szül. Münchenben 1837 decz. 24-én.
Meghalt Genfben 1898 szept. 10-én.

* * *

«Miért vagy szomorú? én lelkem! és miért háborgatsz engem? Bizzál az Istenben, mert még hálát fogok adni néki; Ő orczám szabaditója és én Istenem.» *XLI. Zs. 6–7.*

Jézusom, irgalmazz.
*(100 napi búcsu.)*

JOG FENTARTVA — Franklin-Társulat

## 85. Budapest – Königin-Elisabeth-Denkmal

Nach dem Tode Elisabeths war sich die Bevölkerung ganz Ungarns darüber einig, dass in Budapest ein Denkmal errichtet werden sollte, das der Königin würdig war. Im ganzen Land wurden Spenden gesammelt, es wurden mehrere Ausschreibungen durchgeführt. Alle namhaften Bildhauer der Zeit entwarfen ein ihrer Meinung nach perfektes Denkmal.

## 86. Budapest – Königin-Elisabeth-Denkmal

Im Oktober 1920 nahm die Jury der fünften Ausschreibung den Entwurf von György Zala an. Die Pläne für den architektonischen Teil des Denkmals erstellte Rezső Hikisch. Die bildhauerischen Elemente wurden in der zweiten Hälfte der 1920er Jahre fertiggestellt. Nach einigen Jahren des Ausharrens nahm sich das ungarische Parlament der Angelegenheit an, da das Gesetz über die Errichtung des Denkmals noch in Kraft war. Das schließlich nach mehreren Jahrzehnten fertiggestellte Denkmal wurde am 25. September 1932 auf dem Eskü-Platz feierlich enthüllt.

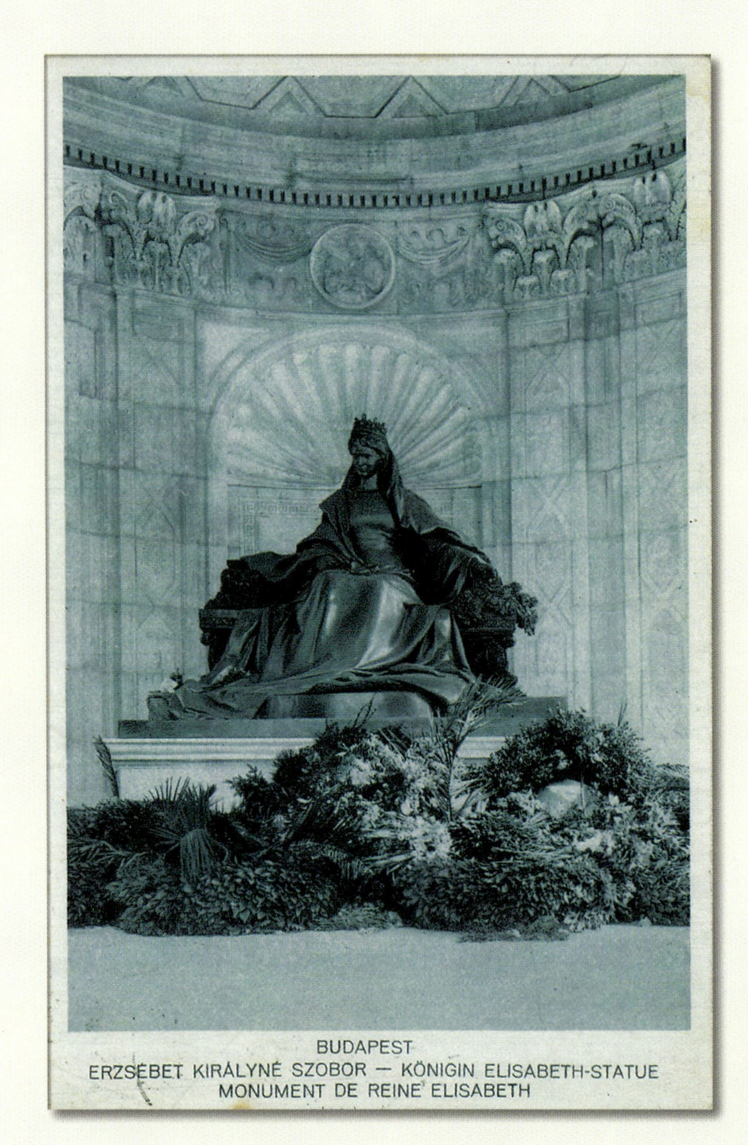


87.–88. *Budapest – Königin-Elisabeth-Denkmal*

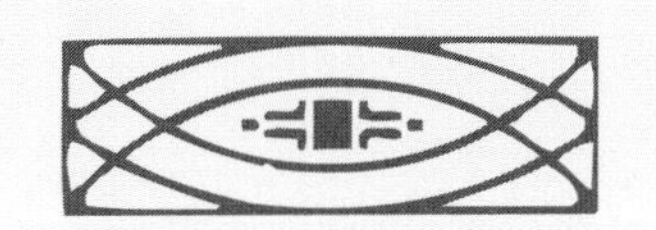

# ANSICHTSKARTEN AUS ANDEREN LANDESTEILEN

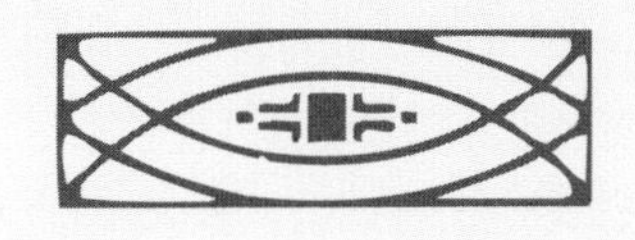

## 89. *Adony – Komitat Fejér*

Nach dem Tod von Königin Elisabeth pflanzte die Gemeindeverwaltung von Adony drei Platanen zu ihrem Andenken und benannte außerdem die Straße, in der die Post lag, nach der Schutzherrin Ungarns. Diese Straße war wegen ihrer Nähe zur Donau stark hochwassergefährdet. Ob die Namensgebung bei hohen Wasserständen eine schützende Wirkung hatte? Nun, darüber schweigen die Chroniken …

## 90. *Arad – Komitat Arad*

Auch die Stadt Arad gedachte der Königin: Innerhalb eines Monats wurde der Kleine Ring in Königin-Elisabeth-Ring umbenannt.

## 91. *Arad – Komitat Arad*

Nach Königin Elisabeth wurde auch die Brücke über den Mieresch benannt, die in die Burg führt.

## 92. *Arad – Komitat Arad*

Das Königin-Elisabeth-Denkmal im Elisabethpark um das Komitatshaus wurde am 17. September 1901 enthüllt. Die Bronzebüste der Königin im Krönungsornat ist das Werk von György Zala.

## 93. *Aranyosmarót – Komitat Bars*

Die Gemeindeverwaltung von Aranyosmarót (heute Zlaté Moravce, Slowakei) legte zum Gedenken an Königin Elisabeth einen Hain mit achtzig Tannen, zwei Trauerweiden, einer Birke und vier Platanen an. Der Ansichtskarte zufolge wurde auch ein Platz nach ihr benannt.

*94.* *Baja – Komitat Bács-Bodrog*

Wurmfeld Gyula, Kiadása, Baja.

09 32805

Die Straße, die vom Rathaus der Stadt Baja (heute Komitat Bács-Kiskun) in südliche Richtung führt, erhielt den Namen der Königin gemäß einer lokalen Verordnung über die Straßennamen. Im Erdgeschoss der zur Straße gelegenen einstöckigen Häuser befanden sich die größten Geschäfte und Banken, sie war praktisch die Hauptstraße der Stadt. Zum Andenken an die Königin wurden auch mit Tafeln bezeichnete Gedenkbäume gepflanzt.

*95.* *Balassagyarmat – Komitat Nógrád*

Der Elisabethhain wurde zwischen 1897 und 1900 angelegt, seinen Namen erhielt er nach dem Tod der Königin. Das Komitat bewilligte tausend Kronen für ein Denkmal, das jedoch nicht angefertigt wurde, der Hain aber behielt seinen Namen bis zum 19. November 1949 auch offiziell.

In Balatonfüred, das sich im Besitz der Benediktiner von Pannonhalma befand, stand bereits im 18. Jahrhundert ein Badehaus, und im Jahre 1836 wurde ein weiteres fertiggestellt. 1865 begann man mit dem Bau eines weiteren Hauses als Anbau an das Neue Badehaus, das im Sommer 1871 fertig wurde und den Namen Elisabethhof erhielt.

*96. Balatonfüred – Komitat Zala*

*97. Balatonfüred – Komitat Zala*

Durch die erneute Erweiterung dieses Gebäudes entstand im Jahre 1913 das Elisabeth-Sanatorium, das innerhalb kurzer Zeit zu einem auch außerhalb Ungarns bekannten Heilbad wurde.

*98. Balatonfüred – Komitat Zala*

## *99. Balatonlelle – Komitat Somogy*

Am 9. Juli 1905 wurde in (Balaton-)Lelle das aus Spenden der Bevölkerung errichtete Kinderferienlager eingeweiht. Auch aus Budapest kamen zahlreiche Gäste, die von den hundert Kindern, die im Lager ihre Ferien verbrachten, mit Fahnen in den Nationalfarben begrüßt wurden. Das Lager mit seinem wunderbaren Park übergab im Namen der Baukommission der Architekt Bertalan Gaál an Graf Géza Teleki, den Vorsitzenden des Vereins des Kinderferienlagers. Die Fassade des Gebäudes zierte ein Fayencerelief, das Elisabeth zeigte, wie sie die Ehrbezeugungen der um sie gescharten Kinder entgegennimmt. Das Relief war ein Werk des damals jungen Bildhauers Emil Varga.

## 100. *Bártfafürdő – Komitat Sáros*

(Heute Bardejovské Kúpele, Slowakei)
*„Als die Königin von der Eisenbahn nach Bártfa fuhr, hielt sie die Kutsche am Brunnen an und bat um Wasser. Ihr Gefolge und die für den Empfang zuständigen Herren bereiteten einen schönen silbernen Kelch für sie vor, hatten jedoch nicht damit gerechnet, dass die Königin sofort mit ihrer Kur beginnen würde. Eilig brachte man ihr aus der nahegelegenen Konditorei ein einfaches Glas, aus dem sie dann täglich das Wasser der Quelle trank. Dieses Glas wurde in den Obelisken eingemauert."* (Vasárnapi Ujság, 16. Juli 1899)

## 101. *Bártfafürdő – Komitat Sáros*

Das neue Hotel Deák hatte fünfundsechzig modern eingerichtete Zimmer (mit fließend Wasser und elektrischer Beleuchtung). Zur Suite der Königin, die aus einem großen Salon, einem kleinen Boudoir und einem Schlafzimmer bestand, führte ein gesonderter Aufgang.

## *102. Bártfafürdő – Komitat Sáros*

Die sitzende Ganzkörperskulptur auf dem Platz vor dem Hotel Deák wurde aus Spenden errichtet. Unter den Einsendungen für die Ausschreibung wählte man den Entwurf von Gyula Donáth aus, der auch an der Aufstellung des Denkmals teilnahm. *„Auch die Feier war ein Ausdruck der Liebe des Volkes. Neben den Festtagsgewändern der Herrschaften tummelte sich auch das Volk, die Männer in selbst gewebten leinenfarbenen Kleidern, rot-blauen Westen mit Verschnürung, die Frauen und Mädchen in blumenverzierten blauen und weißen Röcken."*
(Vasárnapi Ujság, 23. August 1903)

## *103. Bártfafürdő – Komitat Sáros*

Das Denkmal wurde am 16. August 1903 enthüllt. Das Foto, anhand dessen die Ansichtskarte hergestellt wurde, entstand vermutlich vor der Enthüllung, denn der Poststempel auf der Karte ist vom 17. August!

104. Bártfafürdő – Komitat Sáros

105. Bártfafürdő – Komitat Sáros

106. Bártfafürdő – Komitat Sáros

107. Bártfafürdő – Komitat Sáros

## *108. Bereck – Komitat Háromszék*

Das östlichste und zugleich erste Denkmal für Königin Elisabeth wurde im September 1898 in Bereck (heute Breţcu, Rumänien) errichtet. Auf der Spitze der Säule liegt auf einem Steinkissen eine Königinnenkrone. Die Gemeinde pflanzte außerdem Bäume zum Gedenken an Elisabeth: Die anlässlich des Millenniums gepflanzte Baumgruppe wurde durch fünf Akazien ergänzt.

## *109. Békés – Komitat Békés*

Die Gemeinde Békés pflanzte im Rahmen der landesweiten Gedenkbaumbewegung im Elisabethgarten achtzehn Tannen zum Gedenken an die Königin.

## *110. Cece – Komitat Fejér*

In der Gemeinde Cece wurde *„am 24. Mai 1903 das Denkmal der verstorbenen Königin Elisabeth eingeweiht, das dank der Opferbereitschaft der Witwe Antalné Bauer errichtet wurde (...) Vor einem auf Stufen stehenden steinernen Hintergrund wurde die Büste der Königin platziert, und darüber wölbt sich wie ein Schirm eine Decke. Der architektonische Teil des Denkmals ist das Werk von Emil Tőry, Dozent der Technischen Universität, und hebt die schöne Büste von unserem herausragenden Bildhauer György Zala, welche die Königin nach dem bekannten Bild aus der Zeit um die Krönung abbildet, wirksam hervor."*
(Vasárnapi Ujság, 23. August 1903)

*111. Dicsőszentmárton – Komitat Kis-Küküllő*

*112. Dicsőszentmárton – Komitat Kis-Küküllő*

Nach Elisabeths Tod pflanzte der Gemeinderat von Dicsőszentmárton (heute Târnăveni, Rumänien) zu beiden Seiten der Hauptstraße Gedenkbäume. Die kleinen Bäumchen sind auf der ersten Ansichtskarte, die um die Jahrhundertwende entstand, gut zu erkennen. Auf der einige Jahre später erschienenen Karte wird die Entwicklung der Ortschaft deutlich. Die Aufnahme wurde am Tag des jeden Mittwoch stattfindenden Wochenmarktes gemacht und zeigt interessante Bewohner des Ortes vor dem Barbier- und Friseurladen von Jenő Fülöp.

## *113. Dunabogdány – Komitat Pest*

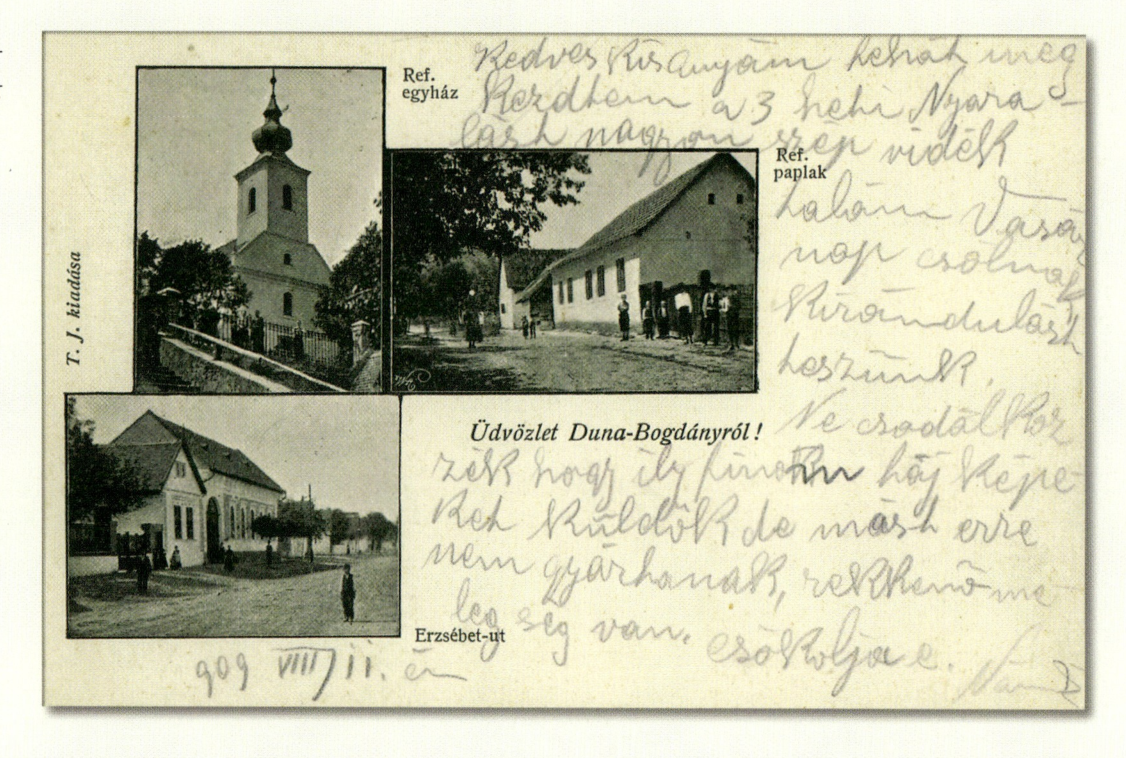


Auch der Gemeinderat von Dunabogdány ließ zum Andenken an Königin Elisabeth Gedenkbäume anpflanzen und benannte eine Straße nach ihr. Die Mitteilung ist ebenfalls interessant: Der an die große Auswahl an Ansichtskarten in Budapest gewöhnte Verfasser beklagt sich über die Qualität der Ansichtskarten in dem kleinen Ort – und über die drückende Hitze.

## *114. Dunaföldvár – Komitat Tolna*

Der Bürgerliche Lesezirkel von Dunaföldvár gedachte der Königin schon am Tag nach ihrem Tode in seinem Protokoll. Der Stadtrat gab dem Marktplatz in der Stadtmitte den Namen Elisabethplatz und brachte eine Gedenktafel an. Außerdem wurden auf der Promenade am Donauufer zehn Rosskastanien gepflanzt. Diese Promenade und eine Straße bewahrten mit ihrem Namen ebenfalls das Andenken Elisabeths.

115. Előpatak – Komitat Háromszék

Auch Előpatak (heute Vâlcele, Rumänien), der älteste Kurort im Széklerland, gedachte des Todes der Königin Elisabeth: Auf dem Kurgelände wurden zehn Tannen und auf dem Hof der staatlichen Schule fünfunddreißig Linden gepflanzt. Die Elisabethquelle auf der Ansichtskarte wurde jedoch nicht nach ihr, sondern nach der Frau des Vorsitzenden der Kurverwaltung benannt.

116. Eperjes – Komitat Sáros

Die Bronzebüste auf dem Granitsockel, ein Werk von Alajos Stróbl, wurde am 27. Oktober 1901 im Park vor der Kanonierkaserne von Eperjes (heute Prešov, Slowakei) enthüllt. Das Denkmal hatte der Verein für Stadtverschönerung gestiftet. Im unteren Garten ließ die Direktion des königlichen Gestüts von Eperjes eine Baumgruppe aus fünfunddreißig Tannen pflanzen und eine Tafel mit der Inschrift „Zum Gedenken an Königin Elisabeth" anbringen.

## 117. Erzsébetváros – Komitat Kis-Küküllő

Die Ortschaft, die ursprünglich Ebesfalva hieß, wird bereits ab dem Ende des 18. Jahrhunderts als Erzsébetfalva (‚Elisabethdorf') erwähnt. In Erzsébetváros (Elisabethstadt'; heute Dumbrăveni, Rumänien) trugen der Marktplatz, das dort stehende Gasthaus und eine Straße in der Nähe den Namen der Königin Elisabeth, sodass es nichts mehr gab, was man nach ihr benennen konnte – außer der neuen Promenade der Stadt, dem Elisabethhain ...

## 118. Gödöllő – Komitat Pest-Pilis-Solt-Kiskun

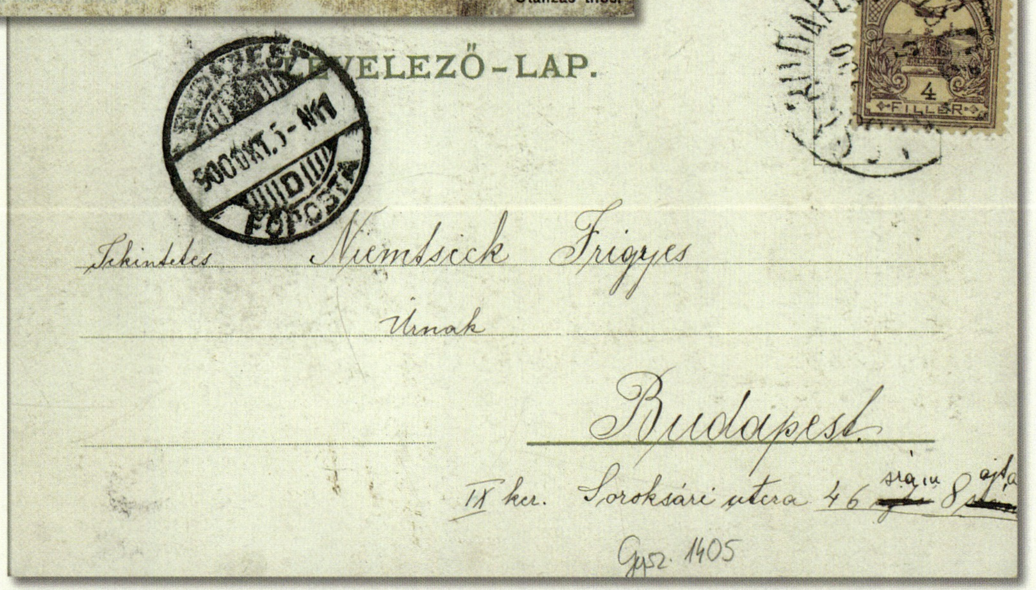

*119.* *Gödöllő – Komitat Pest-Pilis-Solt-Kiskun*

*120.* *Gödöllő – Komitat Pest-Pilis-Solt-Kiskun*

Das Schloss und Gut Gödöllő erwarb der ungarische Staat im Jahre 1867 als königliches Sommerhaus. Die Hoffnung, die Bindung der königlichen Familie an Ungarn dadurch weiter zu verstärken, wurde voll und ganz erfüllt: Bis zu den 1880er Jahren verbrachten die Mitglieder der königlichen Familie jedes Jahr lange Monate auf dem Anwesen, allen voran Königin Elisabeth. – Karten von Gödöllő wurden seit Beginn der Herstellung von Ansichtskarten angeboten, denn es bestand eine rege Nachfrage nach ihnen, und sie wurden nicht nur für Mitteilungen benutzt.

*121.* Gödöllő – Komitat Pest-Pilis-Solt-Kiskun

*122.* Gödöllő – Komitat Pest-Pilis-Solt-Kiskun

*123.* Gödöllő – Komitat Pest-Pilis-Solt-Kiskun

*124. Gödöllő – Komitat Pest-Pilis-Solt-Kiskun*

*125. Gödöllő – Komitat Pest-Pilis-Solt-Kiskun*

Nach dem Tode von Königin Elisabeth wuchs das Interesse an Orten, die mit ihrer Person zu tun hatten – so auch an Gödöllő – weiter. Es erschienen auch Ansichtskarten mit Motiven des Schlosses und seiner Umgebung, die ansonsten weniger Aufmerksamkeit erregt hätten. Unter anderem wurden auch zahlreiche Fotos aus dem 1896 erschienenen Buch über Gödöllő von Ferenc Ripka für Ansichtskarten verwendet.

*126.* *Gödöllő – Komitat Pest-Pilis-Solt-Kiskun*

*127.* *Gödöllő – Komitat Pest-Pilis-Solt-Kiskun*

Die mit den unterschiedlichsten Techniken und grafischen Elementen „aufgepeppten" Ansichtskarten waren nicht für den puritanen Geschmack gedacht, dafür aber um so beliebter. Zur Freude der damaligen und der heutigen Sammler gab es viele Variationen und Reihen.

128. Gödöllő – Komitat Pest-Pilis-Solt-Kiskun

129. Gödöllő – Komitat Pest-Pilis-Solt-Kiskun

Mitte des 17. Jahrhunderts wurde im Zentrum von Gödöllő, an der Hauptstraße, die Kurie des Ferenc Hamvay errichtet, die Antal Grassalkovich später umbaute und in einen Gasthof verwandelte. Nachdem die Familie Grassalkovich ausgestorben war, wechselte er zusammen mit dem Gut den Eigentümer und gelangte so im Jahre 1867 in den Besitz der Krondomäne. Von da an trug er den Namen „Hotel Königin Elisabeth" und bewahrte ihr Gedenken bis zum Jahre 1916, als er in ein Gymnasium umgewandelt wurde.

LEVELEZŐ-LAP.

*130. Gödöllő – Komitat Pest-Pilis-Solt-Kiskun*

*131. Gödöllő – Komitat Pest-Pilis-Solt-Kiskun*

Es ist kein Zufall, dass damals viele Straßen die Namen der Mitglieder der königlichen Familie trugen. Der Hauptplatz am Schloss war nach Franz Joseph, die breite, beidseitig von Bäumen gesäumte Promenade nach Elisabeth benannt. Und die nach Kassa (heute Košice, Slowakei) führende Landstraße dazwischen hieß schlicht und einfach Königsstraße.

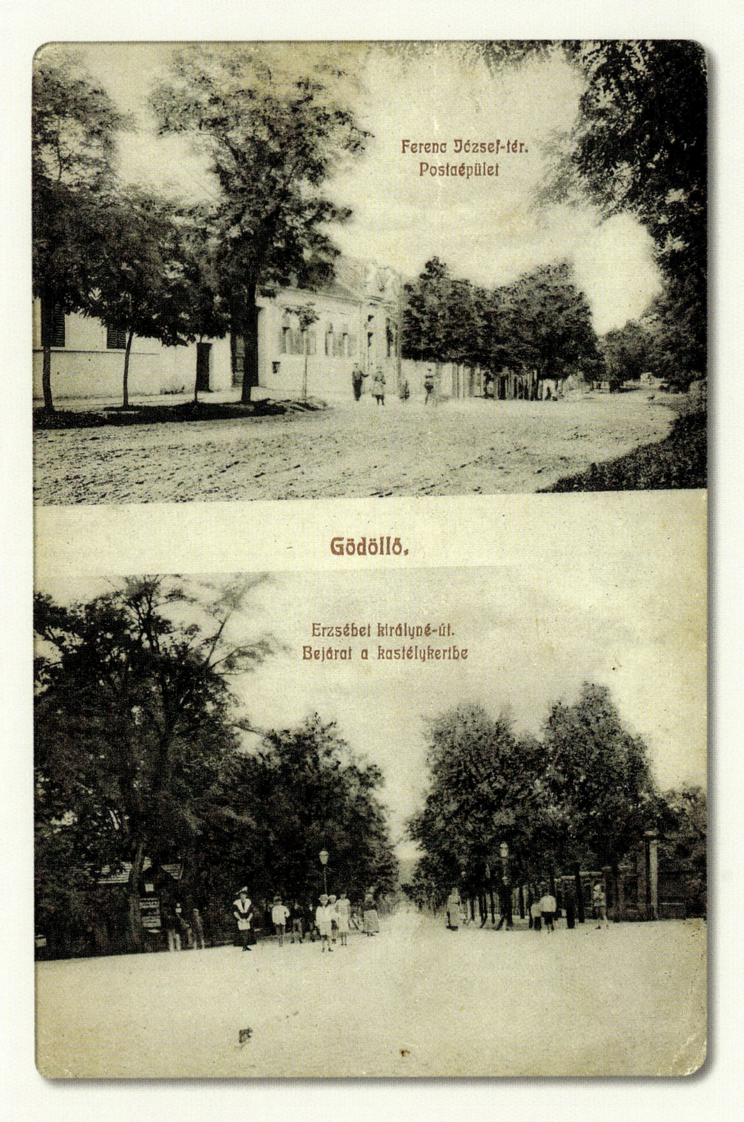


*132. Gödöllő – Komitat Pest-Pilis-Solt-Kiskun*

*133. Gödöllő – Komitat Pest-Pilis-Solt-Kiskun*

Das Elisabethdenkmal wurde am 19. Mai 1901 in feierlichem Rahmen enthüllt. Auf den zu diesem Anlass verlegten Ansichtskarten sind das für die königliche Familie errichtet prächtige Zelt und ein Teil der mehrere Tausend zählenden Besucherschar zu sehen. Franz Joseph geleitet Erzherzogin Clothilde ins Zelt.

134. Gödöllő – Komitat Pest-Pilis-Solt-Kiskun

135. Gödöllő – Komitat Pest-Pilis-Solt-Kiskun

137/b. Gödöllő – Komitat Pest-Pilis-Solt-Kiskun

Nachdem die Einwohner von Gödöllő im Jahre 1898 beschlossen hatten, ihrer geliebten Königin ein Denkmal zu setzen, wurden in ganz Ungarn Spenden gesammelt. Mit der Anfertigung der Entwürfe wurde József Róna beauftragt, und Franz Joseph wählte den aus, der ihm am besten gefiel. Das Denkmal wurde im Elisabethpark aufgestellt.

136. Gödöllő – Komitat Pest-Pilis-Solt-Kiskun

Hinter dem Denkmal erhebt sich auf einem eigens aufgeschütteten Hügel eine nach den Plänen von György Zala errichtete künstliche Felsformation, deren höchsten Punkt eine Krone aus Kalkstein ziert. Im Vordergrund befinden sich ein Treppenaufgang, eine antike Steinbank und die Inschrift „Zum Gedenken an Königin Elisabeth". Die im Jahre 1900 entstandene Formation ist auf je einer Ansichtskarte von vorne und von hinten zu sehen. Die Karten schickte Antal Kovács am selben Tag an dieselbe Adresse, sicher nicht aus Vergesslichkeit … und noch dazu lange vor der Enthüllung des Denkmals im Mai (nämlich am 8. März 1901)!

137. Gödöllő – Komitat Pest-Pilis-Solt-Kiskun

138. Gödöllő – Komitat Pest-Pilis-Solt-Kiskun

139. Gödöllő – Komitat Pest-Pilis-Solt-Kiskun

*„Der Sockel des Elisabethdenkmals ist aus Zebegényer Trachit, er erhebt sich in drei Stufen in der Form eines Achtecks drei Meter hoch. Am Fuße der Treppe befindet sich ein prächtiger Bronzekranz, den die Frauen von Gödöllő angefertigt und mit folgender Inschrift versehen haben: In den Herzen der Frauen von Gödöllő wird Dein Andenken ewig leben."*
(Vasárnapi Ujság, 19. Mai 1901)

140. Gödöllő – Komitat Pest-Pilis-Solt-Kiskun

141. Gödöllő – Komitat Pest-Pilis-Solt-Kiskun

142. Gödöllő – Komitat Pest-Pilis-Solt-Kiskun

143. *Gyoma – Komitat Békés*

Auch in Gyoma wurde ein bereits vorhandener Park, der Volksgarten, zu Ehren Elisabeths umbenannt. Die Gemeindeverwaltung und der Frauenverein pflanzten je eine Baumgruppe, die sie mit Tafeln kennzeichneten.

144. *Győr – Komitat Győr*

145. *Győr – Komitat Győr*

In Győr erfreute sich Königin Elisabeth schon zu Lebzeiten großer Verehrung. Als sie starb, wurde einer der schönsten Plätze der Stadt nach ihr benannt, der zwischen dem Káptalan-Hügel und der Karmeliterkirche liegt. Im Jahre 1899 erhielt auch der an der Straße nach Veszprém gelegene Hain ihren Namen. Die beiden Ansichtskarten müssen fast zur selben Zeit, Ende der 1910er Jahre, entstanden sein.

146. *Gyula – Komitat Békés*

147. *Gyula – Komitat Békés*

Die Stadt Gyula gedachte der Königin mit einer Vielzahl von Bäumen: In den acht Monaten nach ihrem Tode wurden 253 Akazien, 170 Eschen, 100 Trauerweiden und 10 Maulbeerbäume gepflanzt. Außerdem errichtete man ihr ein Denkmal: Die von dem jungen Gyula Felek geschaffene Büste aus carrarischem Marmor wurde am 24. Juni 1904 im Göndöcs-Park enthüllt.

*148. Hódmezővásárhely – Komitat Csongrád*

*149. Hódmezővásárhely – Komitat Csongrád*

Die Stadt Hódmezővásárhely benannte den Volksgarten in Elisabeth-Promenade um und legte dort den 1600 Quadratklafter großen Elisabethhain mit 260 Zierbäumen und 290 Sträuchern an. Die neu errichtete Augenklinik wurde ebenfalls nach der Königin benannt. Auf einem der Fotos ist auch das zwischen 1906 und 1911 erbaute Öffentliche Elisabeth-Krankenhaus zu sehen.

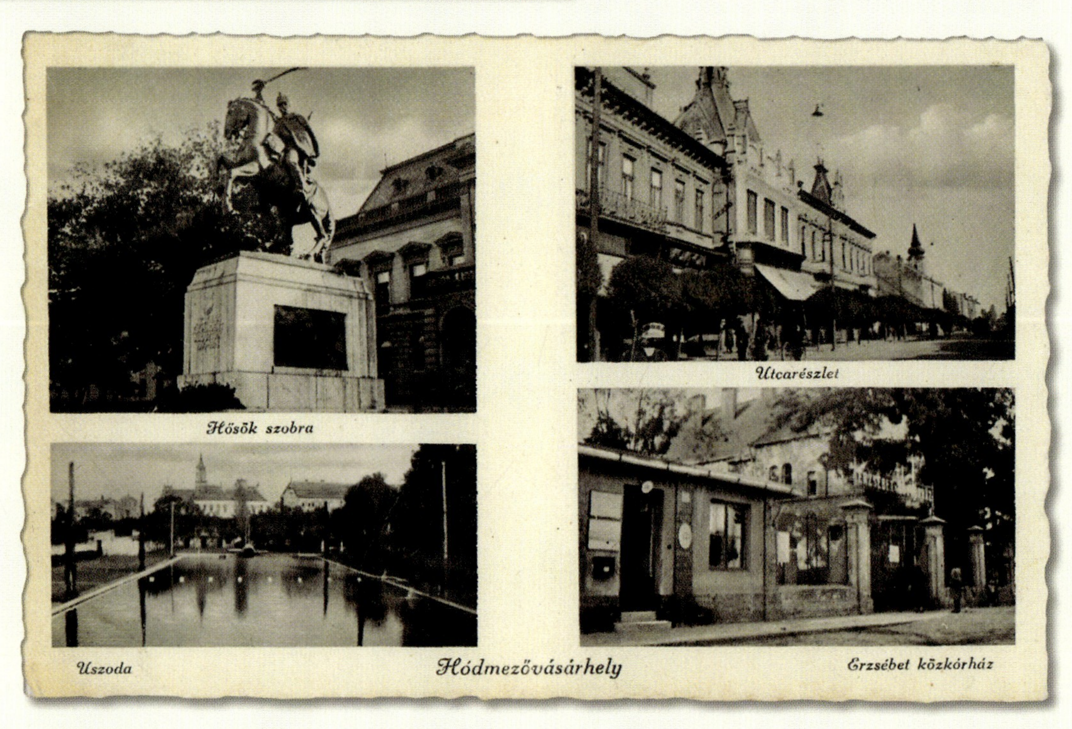

*150. Kaposvár – Komitat Somogy*

*151. Kaposvár – Komitat Somogy*

Das Hotel Elisabeth lag zu einem der bedeutendsten Plätze der Stadt, dem Kossuth-Platz, hin. Zum Gedenken bepflanzte man die Straßen von Kaposvár mit Rosskastanien, Ahornbäumen, Platanen und Linden. Die 1898 fertiggestellte Dampfmühle und das neue Dampfbad wurden ebenfalls nach Elisabeth benannt. In der Stadt gab es einen Elisabeth-Verein, der unter anderem eine Bücherei unterhielt. Die Elisabethstraße auf der anderen Ansichtskarte wurde im Jahre 1900 ausgebaut. Das Foto entstand an einem Markttag.

Der Stadtrat von Keszthely beschloss bereits im Jahre 1898, die erste Straße des neuen Stadtteils Hancókrét Elisabethstraße zu nennen. Im Jahre 1909 erhielt die Fortsetzung der Straße aufgrund eines Stadtratsbeschlusses den Namen Königin-Elisabeth-Weg, und der Platz zwischen ihnen wurde Elisabethplatz getauft. Außerdem wurde zum Gedenken an die Königin ein Hain angelegt.

*152. Keszthely – Komitat Zala*

*153. Kisbér – Komitat Komárom*

In den 1900er Jahren wurde in Kisbér die Elisabethbüste, ein Werk von György Zala, in dem nach ihr benannten Hain enthüllt. Nach dem Tode der Königin hatte die Direktion des staatlichen Gestüts 556 verschiedene Bäume auf dem Gelände angepflanzt.

Das Wäldchen neben dem Bahnhof von Kisújszállás hatte der Gärtner András Fülöp in einen Hain umgestaltet, der im Jahre 1898 nach Königin Elisabeth benannt wurde. Auch das schon länger existierende Hotel nahm ihren Namen an. Im Ballsaal des Hotels fanden die bedeutenderen Veranstaltungen und gelegentlich Theatervorstellungen statt.

*154. Kisújszállás – Komitat Jász-Nagykun-Szolnok*

*155. Kolozsvár – Komitat Kolozs*

Die Bürger von Kolozsvár (heute Cluj-Napoca, Rumänien) wollten der Königin ein Denkmal setzen. Frau Józsefné Bölöny erwarb diese vom König bewilligte eherne Büste von dem Bildhauer Alajos Stróbl und schenkte sie der Stadt. Zu dem Sockel aus Kunstmarmor führten mehrere Stufen, zu beiden Seiten befanden sich Sitzbänke. Das Denkmal wurde am 16. Juni 1901 an einem schönen Aussichtspunkt auf dem Weg in die Zitadelle (Cetăţuie) enthüllt.

## 156. Kolozsvár – Komitat Kolozs

Von der Enthüllung des Denkmals machten die k. u. k. Hoffotografen Gebrüder Dunky aus Kolozsvár (heute Cluj-Napoca, Rumänien) Fotos, von denen mehrere auch in der Vasárnapi Ujság vom 23. Juni 1901 erschienen. Die hier gezeigte Ansichtskarte ist eine der ersten mit dem bereits enthüllten Denkmal. Ihre Besonderheit besteht darin, dass ihre Rückseite genaue Informationen über die Entstehung des Elisabethdenkmals und der Elisabeth-Promenadenstraße in Kolozsvár enthält.

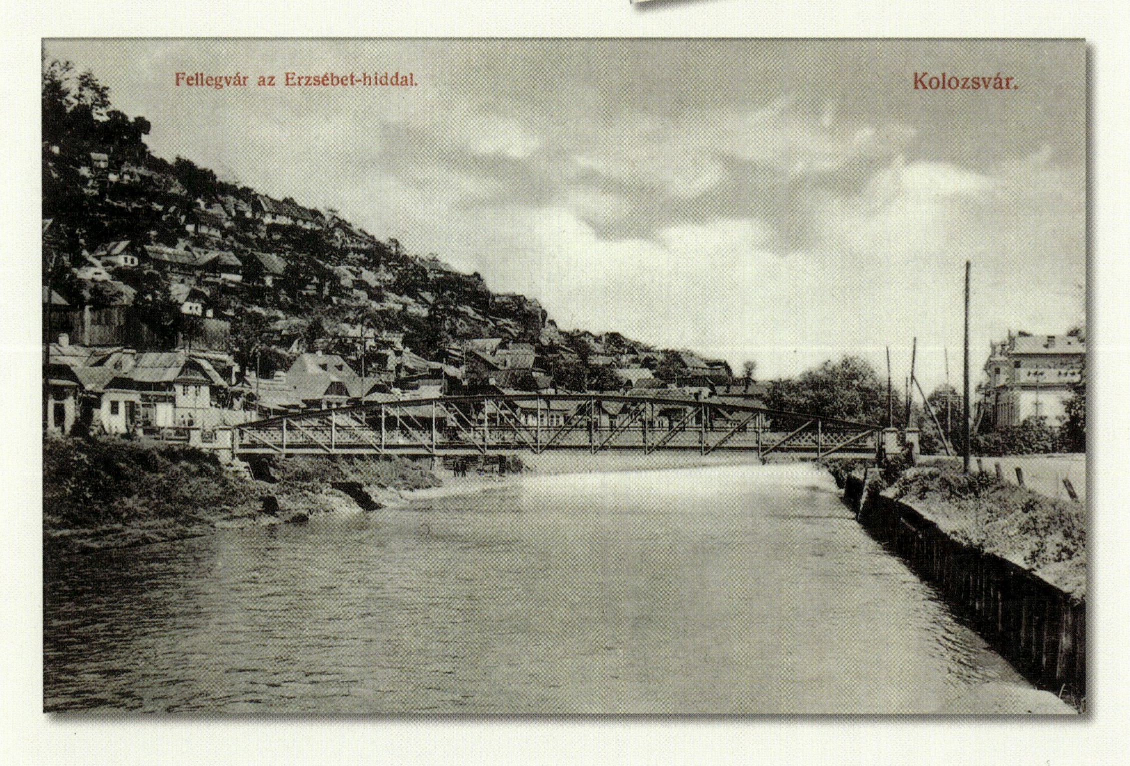


## 157. Kolozsvár – Komitat Kolozs

Zwischen dem Weg zur Zitadelle (Cetățuie) und der Promenadenstraße entstand nach den Plänen der Firma Schlick eine 1,5 Meter breite und 35 Meter lange Eisenbrücke, die am 21. August 1902 eingeweiht wurde. Die Brücke über den Fluss Samosch wurde ebenfalls nach Königin Elisabeth benannt.

Die Firma Vasúti Levelezőlap-árusítás (Eisenbahn-Ansichtskartenverkauf) verlegte im Jahre 1916 eine ältere Ansichtskarte mit der Kolozsvárer Elisabethbrücke der Firma Divald und Monostory.

*158. Kolozsvár – Komitat Kolozs*

*159. Kolozsvár – Komitat Kolozs*

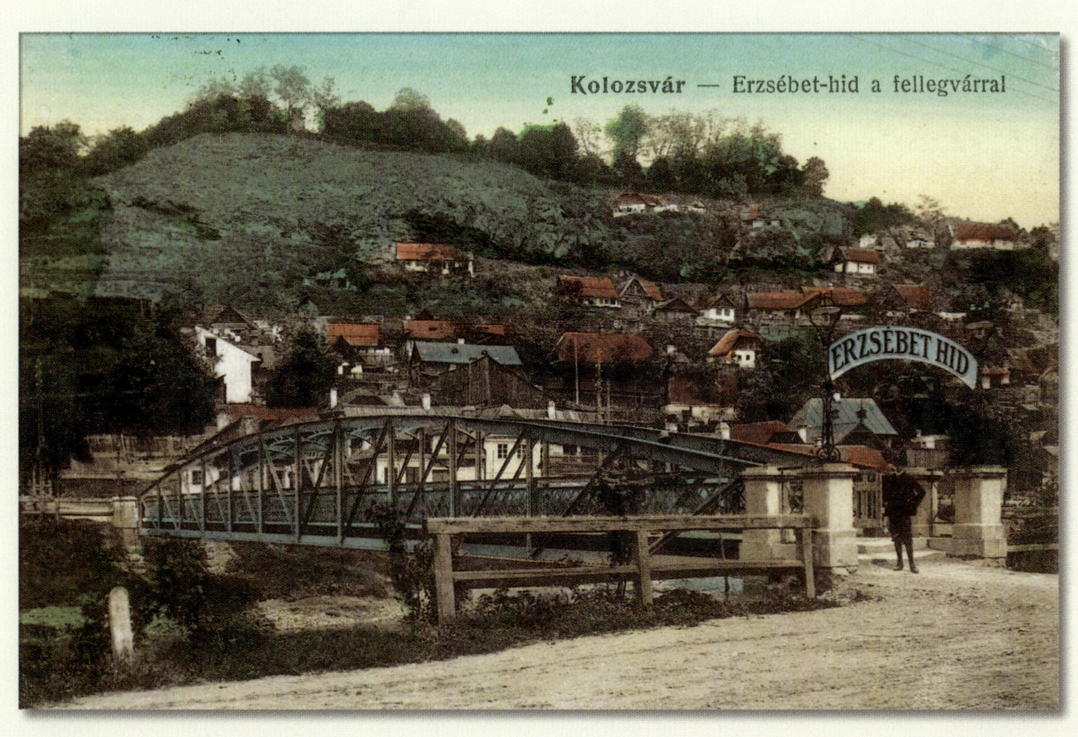

In der Stadt erhielt auch eine Straße den Namen Königin Elisabeths.

*160. Kolozsvár – Komitat Kolozs*

*161. Komárom – Komitat Komárom*

Die Brücke zwischen Komárom und Újszőny wurde errichtet, um die beiden Festungen und Städte miteinander zu verbinden. Die Pläne stammen von dem Ingenieur János Feketeházy, erbaut wurde sie von Guilbrand Gregersen und Söhne. Die Abnahme fand in der Nacht vom 1. zum 2. September 1892 genau um Mitternacht statt, und die Brücke wurde mit der Genehmigung von Franz Joseph nach Königin Elisabeth benannt. Die Insel in Komárom, auf der Elisabeth zum ersten Mal ungarischen Boden betrat, heißt seit 1857 Elisabethinsel.

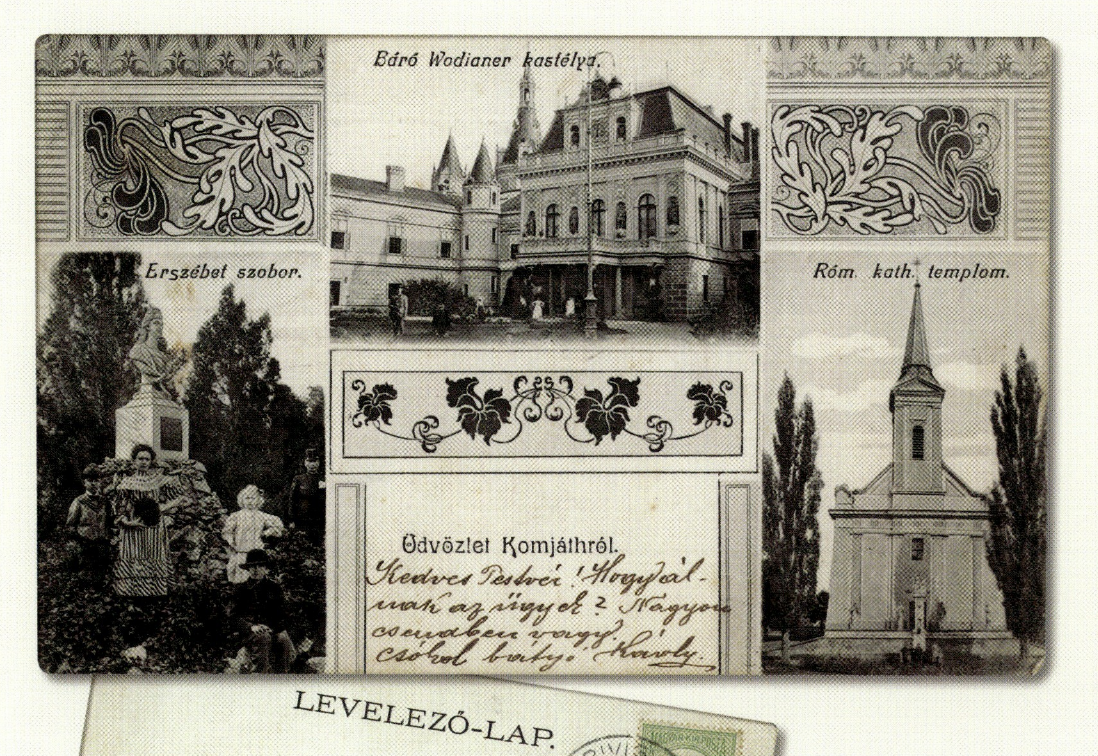


## 162. *Komját – Komitat Nyitra*

In der Gemeinde Komját (heute Komjatice, Slowakei) wurden nach dem Tode Königin Elisabeths 3129 verschiedene Bäume und Sträucher gepflanzt, und der Schlossherr schenkte der Gemeinde einen Garten mit 150 Tannen und 100 Laubbäumen. Die so entstandene Promenade wurde nach Elisabeth benannt, und in dem Garten wurde ihr mit einem Werk György Zalas ein Denkmal errichtet. Die Ansichtskarte ist ein gutes Beispiel für eine frühe Karte mit zweigeteilter Rückseite.

## 163. *Koritnica-fürdő – Komitat Liptó*

Der Kurort Koritnica liegt in einem Tal bei Besztercebánya (heute Banská Bystrica, Slowakei). Seine Heilquellen, von denen mehrere die Namen der Mitglieder der königlichen Familie trugen, werden seit 1824 für Trink- und Bäderkuren genutzt. Die auf der Ansichtskarte abgebildete Halle, vor deren Eingang die Büsten Franz Josephs und Elisabeths platziert wurden, entstand im Jahre 1878 über der Béla- oder Albrechtquelle.

*164. Kovászna – Komitat Háromszék*

Schon der Name des malerischen Kurortes Kovászna (heute Covasna, Rumänien), der an einem Gebirgsfuß liegt, verweist auf seine Sauerwasservorkommen. Dem landesweiten Aufruf folgend gedachte man der Königin hier ebenfalls mit dem Pflanzen von Bäumen, und zwar von Erlen und Tannen auf einem 900 Meter langen Abschnitt am Bachufer, der Elisabethhain genannt wurde, und mit vier Morgen Fichten um die „Kahle Nase".

*165. Körösladány – Komitat Békés*

Dank der Barone Wenckheim kam die Verehrung gegenüber Elisabeth in Körösladány durch mehrere Gedenkstätten zum Ausdruck. Die Hauptstraße der Gemeinde wurde im Jahre 1890 in Elisabethstraße umbenannt. Auf dem durch die Regulierung des Flusses Sebes-Körös neu gewonnenen Land wurde im Jahre 1896 der Elisabethhain mit Spazierwegen und Sommerrestaurants angelegt, und am 27. September 1903 wurde hier der aus einer Spende von Baron János Wenckheim errichtete, mit einem Relief geschmückte Obelisk enthüllt, der auf der Ansichtskarte zu sehen ist.

Mit dem Bau des Gebäudes des Elisabeth-Sanatoriums in Kőszeg hatte der seit den 1830er Jahren bestehende Krankenhausverein begonnen. Es wurde mehrmals umgebaut und erhielt später den Namen der Kaiserin Elisabeth, nach der auch das 1869 gegründete Kinderheim benannt war. Nach ihrem Tode pflanzte die Stadt zu ihrem Gedenken 10 Eichen, 500 Lärchen, 1200 Fichten und 4 Linden auf der Lobanger-Weide.

166. *Kőszeg – Komitat Vas*

167. *Lepsény – Komitat Veszprém*

Der Obelisk aus Kalkstein auf dem Hauptplatz wurde im Jahre 1896 anlässlich des Millenniums errichtet. Der Überlieferung zufolge nannte man ihn nach dem Tode Königin Elisabeths „Elisabethdenkmal".

Das Komitatswaisenhaus in Makó wurde im Jahre 1912 von der Landeskinderschutzliga übernommen und renoviert. Die feierliche Eröffnung fand im Herbst 1913 statt. Ab 1914 fanden dort auch die Waisen der im Ersten Weltkrieg Gefallenen Zuflucht, ab 1922 wurden nur noch Kriegswaisen aufgenommen und der Name in Kriegswaisenhaus geändert. Die Stadt Makó legte außerdem mit 300 Bäumen und Sträuchern eine neue Promenade vor dem Komitatshaus an und gab ihr den Namen Elisabeth-Promenade.

168. *Makó – Komitat Csanád*

169. *Marosvásárhely – Komitat Maros-Torda*

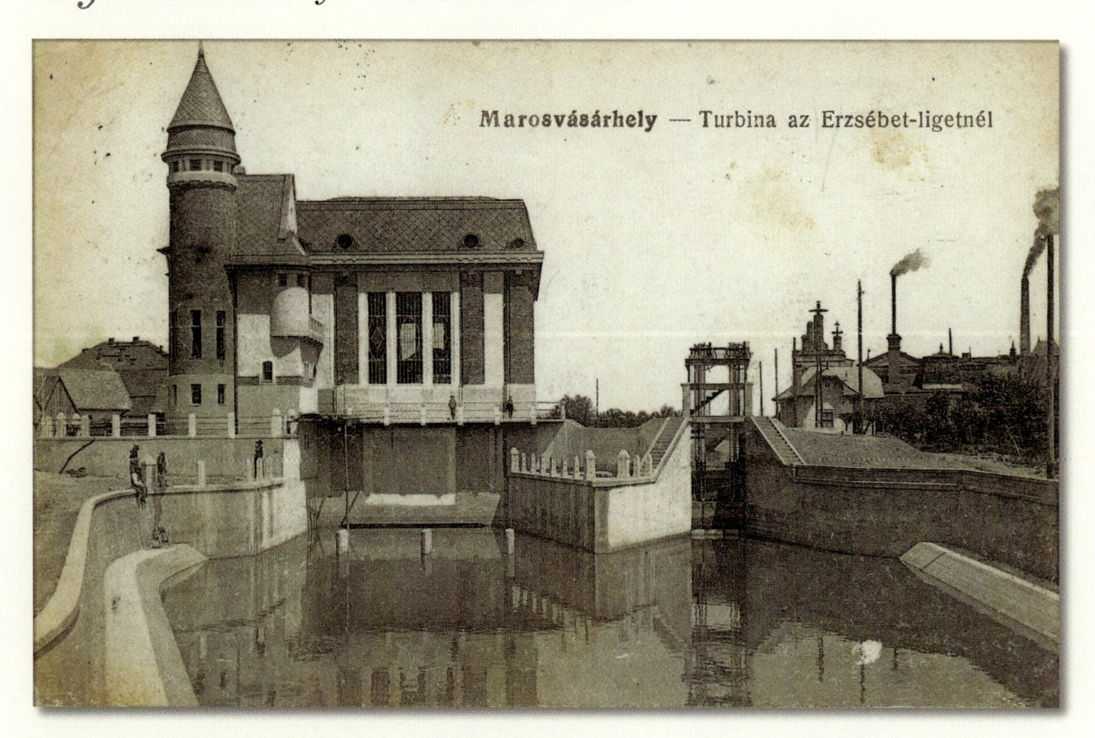


Die Stadt Marosvásárhely (heute Târgu Mureş, Rumänien) benannte nach dem Tode der Königin einen Hain nach ihr, und zwar einen über acht Morgen großen öffentlichen Park zwischen dem Mühlengraben und der Mieresch. Das Gebäude auf der Ansichtskarte ist die mit Wasser betriebene Generatoranlage des Turbinenhauses in unmittelbarer Nähe des Elisabethhains. Außerdem gedachte man ihrer mit Bäumen: Das Gericht pflanzte Tannen, die Fachschule für Holz- und Metallgewerbe Eichen und Rosskastanien.

LEVELEZŐ LAP

*170. Máramarossziget – Komitat Máramaros*

*171. Máramarossziget – Komitat Máramaros*

Von den 1880er Jahren an wurden die Gebäude am Hauptplatz von Máramarossziget (heute Sighetu Marmaţiei, Rumänien) der Reihe nach renoviert, öffentliche Gebäude erweitert, und es entstanden mehrere Kirchen. Der Prunksaal des Komitatshauses wurde mit den Porträts Elisabeths und Franz Josephs, Werken von József Keszthelyi und Lajos Ábrányi, geschmückt. 1891 wurde das Dampfbad erbaut, das vermutlich mit dem auf der Ansichtskarte abgebildeten Elisabethbad identisch ist. Die Stadt beteiligte sich ebenfalls an der landesweiten Baumpflanzaktion.

Der seit dem 18. Jahrhundert als Wallfahrtsstätte bekannte Ort Máriavölgy (heute Marianka, Slowakei) – wo König Ludwig der Große im Jahre 1377 die Pauliner angesiedelt hatte – besaß außer der Wunder vollbringenden Maria und dem 1760 errichteten Denkmal des heiligen Johannes von Nepomuk noch eine Sehenswürdigkeit: das um die Jahrhundertwende zu Ehren der Königin Elisabeth errichtete Denkmal.

*172. Máriavölgy – Komitat Pozsony*

*173. Miskolc – Komitat Borsod*

174. Miskolc – Komitat Borsod

175. Miskolc – Komitat Borsod

Im Schießplatzgarten, dem ältesten Teil des Volksgartens, wurde am 17. Juni 1899 als erstes Denkmal in einer ungarischen Stadt die Büste Elisabeths enthüllt. Die aus Spenden der Bevölkerung finanzierte Bronze wurde nach einem Werk von Alajos Stróbl in der Gießerei Beschorner in Budapest angefertigt. Die 30 Rosskastanien, die sie umgeben, wurden im selben Frühjahr im Rahmen der landesweiten Aktion gepflanzt, zusätzlich zu den 110 Rosskastanien, 140 Maulbeerbäumen und 30 Akazien in anderen Teilen der Stadt.

*176. Miskolc – Komitat Borsod*

Der schönste Platz des damaligen Miskolc wurde im Jahre 1891 nach dem Abriss der Pap-Mühle angelegt. Das Gebäude mit der Kuppel rechts im Bild ist das 1893 fertiggestellte Elisabethbad. Interessant ist, dass das im Mai 1898 enthüllte Kossuth-Denkmal gerade auf diesem Platz aufgestellt wurde – was zeigt, dass die beiden Kulte nach Ansicht der Zeitgenossen gut zusammenpassten. Den Auftrag für diese erste Ganzkörperskulptur Kossuths auf einem öffentlichen Platz nach seinem Tod im Jahre 1894, erhielt József Róna.

*177. Miskolc – Komitat Borsod*

Das 1856 gegründete öffentliche Krankenhaus von Miskolc konnte das in der Nähe des Volksgartens errichtete neue Gebäude am 2. Dezember 1900 beziehen. Damals erhielt es den Namen Elisabethkrankenhaus, der sich im Volksmund trotz der späteren Namensänderung (seit 1952 heißt es offiziell Semmelweis-Ignác-Krankenhaus) erhalten hat. Ein Zeichen für die Wahrung der Tradition ist auch der Umstand, dass die Zeitung des Krankenhauses „Elisabeth-Heilmitteilungen" heißt und seine Hospizstiftung ebenfalls nach der Königin benannt ist.

Der Gemeinderat von Mór ließ vor dem Gemeindehaus und auf der Promenade Gedenkbäume sowie am Kreisgericht 6 Linden und 2 Tannen pflanzen. Der auf der Ansichtskarte abgebildete ehemalige Krankenhausplatz hieß bereits 1882 Elisabethplatz.

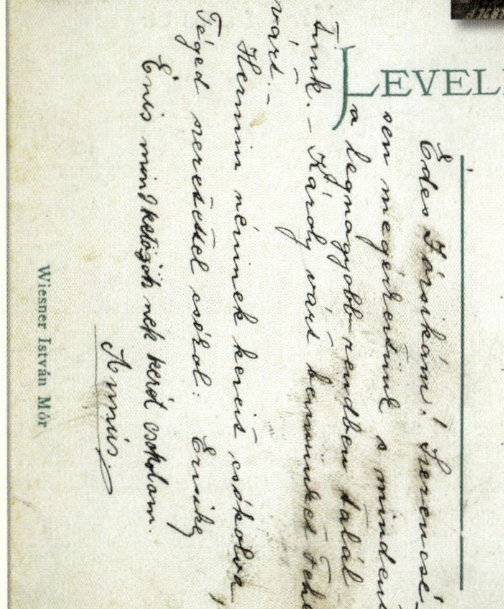

*178. Mór – Komitat Fejér*

*179. Nagybecskerek – Komitat Torontál*

Die Stadt Nagybecskerek (heute Veliki Bečkerek, Serbien) wurde im Jahre 1904 um zwei schöne Eisenbrücken reicher, die nach dem Herrscherpaar Elisabethbrücke und Franz-Joseph-Brücke genannt wurden. Die Pläne für die als zweite über die Bega erbaute Elisabethbrücke fertigte der berühmte französische Architekt Gustave Eiffel an.

Der Hauptplatz von Nagykanizsa, der Getreidemarkt, wurde im Zuge der Straßennamenreform von 1873 nach Königin Elisabeth benannt. Er wurde schrittweise ausgebaut, in den 1920er Jahren wurde die Kanalisation gebaut, ein Teil des Platzes wurde in einen Ziergarten umgewandelt. Der jeden Mittwoch stattfindende Wochenmarkt, der auch auf dem Foto zu sehen ist, wurde noch bis in die 1930er Jahre hier abgehalten.

*180. Nagykanizsa – Komitat Zala*

*181. Nagykárolyfalva – Komitat Temes*

Der Gemeinderat von Nagykárolyfalva (heute Banatski Karlovac, Serbien) ließ in der Nähe des Bahnhofs 75 verschiedene Bäume pflanzen. Dem Foto zufolge ergänzten sie einen bereits vorhandenen Hain, der von da an den Namen Elisabethhain trug.

*182. Nagyszombat – Komitat Pozsony*

Die Stadt Nagyszombat (heute Trnava, Slowakei) pflanzte nach dem Tode der Königin 100 verschiedene Nadelbäume als Elisabethgedenkbäume. Das Foto, das vor 1910 aufgenommen wurde, zeigt einen Teil des Parks mit den jungen Bäumchen. Auch eine Straße der Stadt wurde nach Elisabeth benannt.

*183. Németboly – Komitat Baranya*

Auf das Hotel Königin Elisabeth, in dem sich auch ein Restaurant und eine Schenke befanden, war die Gemeinde Németboly mit Sicherheit stolz. Auch hier veranlasste der Gemeinderat die Anpflanzung von Linden auf dem Hauptplatz.

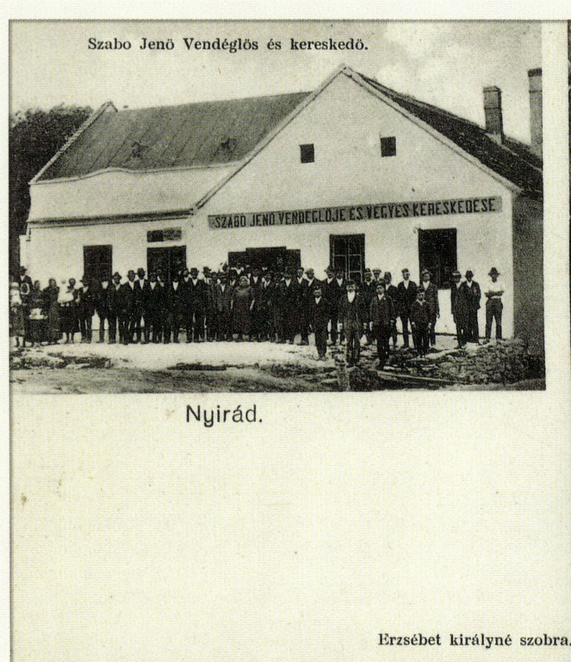

Die erste Skulptur der Königin auf einem öffentlichen Platz nach ihrem Tode wurde in dieser kleinen Gemeinde im Komitat Zala aufgestellt. Sie wurde am Pfingstmontag des Jahres 1899 enthüllt, und sogar die überregionalen Zeitungen berichteten über das Ereignis. Die Bronze des Bildhauers Viktor Tilgner wurde in einem Hain platziert, der zu ihrem Gedenken den Namen Elisabethhain erhielt.

*184. Nyirád – Komitat Zala*

*185. Orosháza – Komitat Békés*

Auch Orosháza gedachte der Königin mit einem Straßennamen, außerdem wurde das Armenhaus nach ihr benannt. Mehrere öffentliche Einrichtungen und Privatpersonen pflanzten insgesamt über hundert Elisabeth-Gedenkbäume.

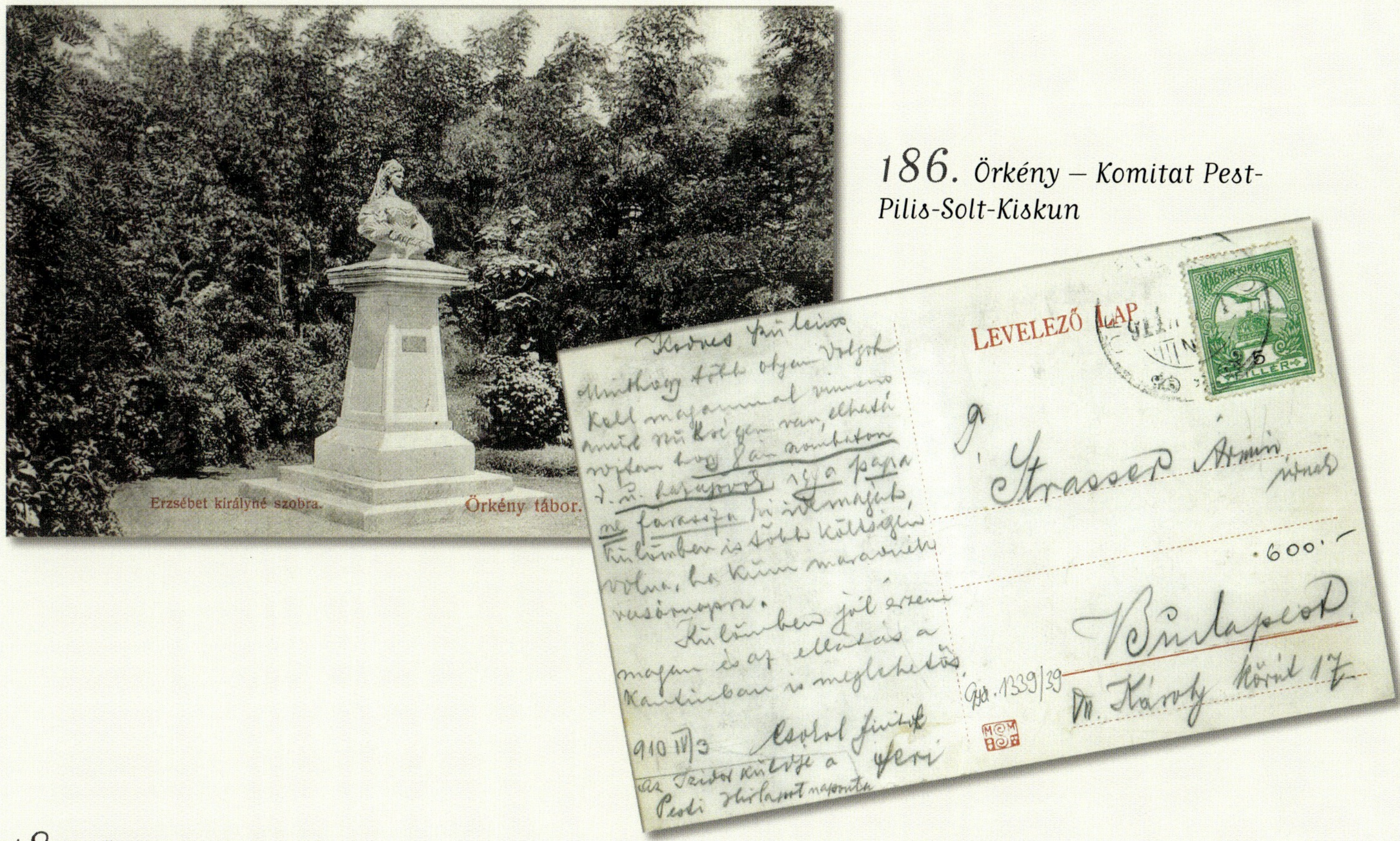


*186.* Örkény – *Komitat Pest-Pilis-Solt-Kiskun*

*187.* Örkény – *Komitat Pest-Pilis-Solt-Kiskun*

István Pálóczi Horváth, der Grundherr von Örkény, ließ der Königin ein Denkmal setzen, um in dem Dorf, das Elisabeth während ihrer Aufenthalte in Gödöllő besucht hatte, eine Gedenkstätte zu schaffen. Bei der Enthüllung des Denkmals am 19. November, dem Elisabethtag, des Jahres 1899 war das ganze Dorf zugegen. Es stand im Park vor der Kaserne, bis es im Jahre 1918 auf dem Gelände des Militärlagers, im heutigen Táborfalva, in Sicherheit gebracht und neben der Reitschule wieder aufgestellt wurde.

*188. Paks – Komitat Tolna*

*189. Paks – Komitat Tolna*

Eines der imposantesten Gebäude von Paks wurde 1844 errichtet. Sein linker Flügel war ein Gasthaus und später ein Hotel, im rechten Flügel befand sich das Kasino. Auf der 1926 abgeschickten Ansichtskarte ist es als Grand Hotel Elisabeth zu sehen.
Die erste Ansichtskarte zeigt einen Teil der Donaupromenade, die Elisabeth-Promenade. Außer diesen Namen sollten in Paks auch 5 Linden das Andenken an die Königin wahren, die auf dem Dreifaltigkeitsplatz und auf dem Széchenyi-Platz als Gedenkbäume gepflanzt wurden.

In dem für seine Salzbergwerke berühmten Ort Parajd (heute Praid, Rumänien) erhielt der 1898 eröffnete Versuchsstollen auf die Nachricht vom Tode der Königin den Namen Elisabethstollen, und die 200 Meter vom Eingang erschlossene Kammer wurde das Elisabethbergwerk. Im Übrigen beteiligte sich auch die königliche Salzbehörde an der Baumpflanzaktion, indem sie gegenüber dem Árpádstollen einen Hain aus 500 Bäumen anlegte.

Üdvözlet Parajdról — Erzsébet-Táró

LEVELEZŐ-LAP

T.
Szöllősi István
VI. oszt. tanulónak
Budapest
Fillér utcza 11 szám

Stein Izsák Parajd

gysz. 2450.

*190. Parajd – Komitat Udvarhely*

Parád(fürdő) war einer der meistbesuchten Kurorte Ungarns. Das nach der Königin Elisabeth benannte Hotel wurde im Jahre 1893 nach den Plänen von Miklós Ybl in einem 2 Hektar großen Park am Ufer des Tarna-Baches errichtet.

*191. Parádfürdő – Komitat Heves*

*192. Parádfürdő – Komitat Heves*

*193. Peredmér – Komitat Trencsén*

Die Gemeinde Peredmér (heute Predmier, Slowakei) pflanzte weitere Bäume auf dem Platz vor der Kirche und nannte ihn Elisabethhain.

Nach dem Tode Königin Elisabeths benannte die Stadt Pécs den oberen Teil der Promenade – oberhalb des Doms – in Königin-Elisabeth-Promenade um. Anlässlich von Truppenübungen und Protokollverpflichtungen hatte Elisabeth die Stadt mehrmals besucht. Das auf der Ansichtskarte abgebildete Burgtor wurde im Jahre 1892 zu Ehren des Königs erbaut. Dahinter ragen die Türme des Doms in die Höhe. In der Stadt wurden 1898 und 1899 im Rahmen der landesweiten Gedenkbaumaktion 118 Laubbäume, auf dem Bergwerksgelände weitere 500 Akazien, Götzenbäume und Rosskastanien gepflanzt.

*194. Pécs – Komitat Baranya*

Zwei Büsten auf dem Gelände der Kasernen, über die die Landespresse nicht berichtet hat.

195. *Pécs – Komitat Baranya*

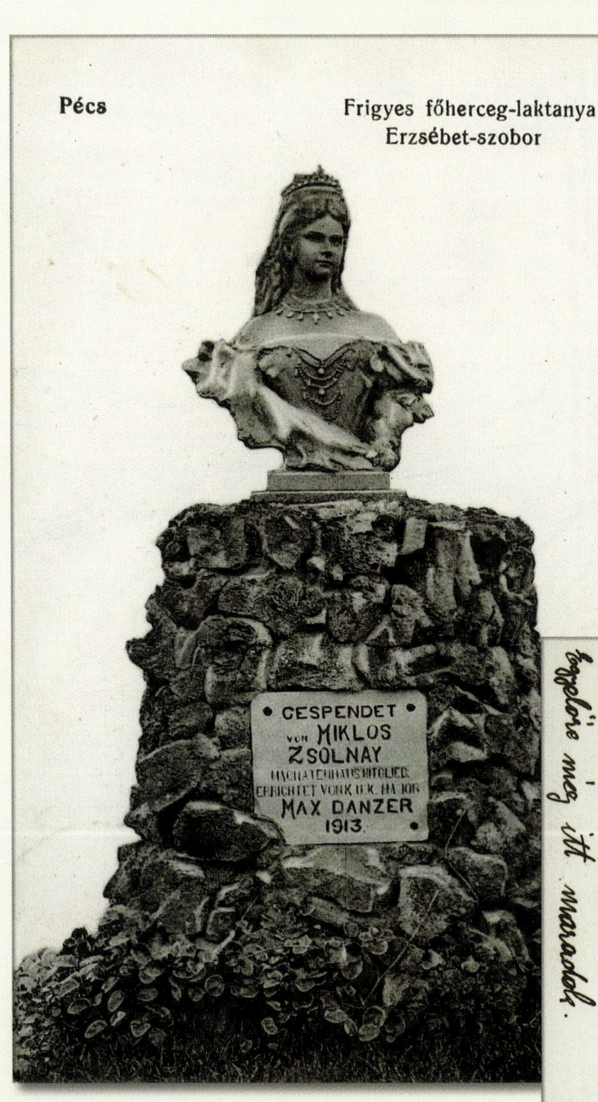


196. *Pécs – Komitat Baranya*

Eine davon ist auf der 1906 abgeschickten Postkarte inmitten der gerade gepflanzten Bäumchen in der Franz-Joseph-Kaserne zu sehen, die andere wurde, der Inschrift auf dem Sockel zufolge, im Jahre 1913 als Geschenk von Miklós Zsolnay aufgestellt.

LEVELEZŐ-LAP

Tek.
Dr. Élik Gyula
úrnak
Brassó
Erzsébet-utca 14 sz.

Das Zentralgebäude der im Jahre 1912 in Pozsony (heute Bratislava, Slowakei) gegründeten und 1921 nach Pécs verlegten königlich-ungarischen Königin-Elisabeth-Universität, das 1914 ursprünglich für die Realoberschule errichtet worden war. Die Vorlesungen begannen im Oktober 1923. Im Hof und im Turm der Universität befand sich auch eine Wetterbeobachtungsstation.

*197. Pécs – Komitat Baranya*

*198. Pélmonostor – Komitat Baranya*

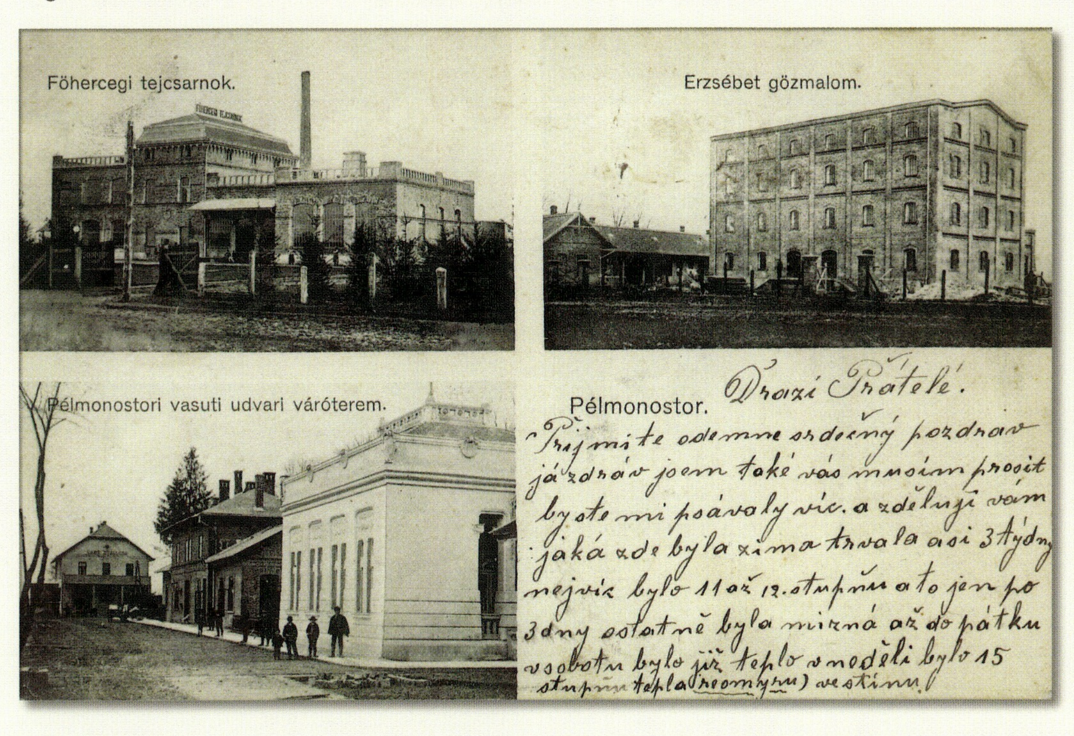


Auch der Gemeinderat von Pélmonostor (bis 1899 Monostor) pflanzte Gedenkbäume zu Ehren Königin Elisabeths. Man bemühte sich umso mehr, die Treue zum Hof auch auf diese Weise zum Ausdruck zu bringen, als sich die Umgebung damals im Besitz von Erzherzog Friedrich befand, wodurch die Entwicklung des Ortes eher städtisch geprägt war.

*199. Pöstyén – Komitat Nyitra*

(Heute Piešťany, Slowakei)

*200. Pöstyén – Komitat Nyitra*

## 201. *Pöstyén – Komitat Nyitra*

In dem beliebten Kurort Pöstyén (heute Piešťany, Slowakei) wurde im August 1902 die Marmorbüste Königin Elisabeths von Gyula Jankovich in einem laubenartigen Teil des Parks zwischen der Franz-Villa und dem Kurhotel enthüllt. In der Vasárnapi Ujság vom 17. August 1901 hieß es darüber: *„Die Feierlichkeiten zur Einweihung des Denkmals begannen mit einem Gottesdienst, dann begab sich die Festgemeinde in den Park, und der Pfarrer hielt eine patriotische Ansprache, während die Büste enthüllt wurde. Am Abend fand eine Galavorstellung im Sommertheater statt. Nach der Theateraufführung wurde in einem Festzug unter Mitwirkung der Kurgäste der Jagdaufmarsch König Matthias' vorgeführt. (...) Die Feierlichkeiten endeten schließlich mit dem Spektakel ‚Venedig in Pöstyén', einer Blumenschlacht und einem Feuerwerk."*

## 202. *Püspökfürdő – Komitat Bihar*

Das in der Nähe von Nagyvárad (heute Oradea, Rumänien) gelegene Püspökfürdő (heute Băile 1 Mai, Rumänien) mit seinem Seerosenteich ist seit Jahrhunderten ein beliebter Kurort. Eines seiner Bäder wurde nach Königin Elisabeth benannt, ebenso wie das auf der Ansichtskarte abgebildete Hotel.

203. *Rimaszombat – Komitat Gömör und Kis-Hont*

204. *Rimaszombat – Komitat Gömör und Kis-Hont*

Die Stadt Rimaszombat (heute Rimavská Sobota, Slowakei) benannte ihren mit Bäumen bewachsenen schönen Hauptplatz nach Elisabeth und plante die Anlegung eines Hains an der Stelle des alten Friedhofs, bis zum Bahnhof. Außerdem pflanzte das königliche Gestüt auf dem Gelände der Kaserne 100 Tannen als Gedenkbäume, die mit einer Tafel gekennzeichnet wurden.

205. *Selmecbánya – Komitat Hont*

Die Forstakademie von Selmecbánya (heute Banská Štiavnica, Slowakei) setzte der Königin ein außergewöhnliches Denkmal: *„... an dem Steilhang zwischen der Szécsi-Quelle und der Bethlen-Höhe nahm sie im Laubwald eine Rodung in Form des Buchstaben E vor, die eine Länge von 115 m hat. Auf der Rodung wird sie Weißtannen und Eiben pflanzen. Wenn diese groß genug sind, werden die Rotfichten vollständig und die Fichten zum Teil abgeholzt, und der Anfangsbuchstabe des Namens unserer Seligen Königin wird sich durch die dunklen Kronen der langlebigen Weißtannen und Eiben deutlich von dem hellgrünen Laubwald abheben."* (Erzsébet királyné emlékfái, 1899)

206. *Sopron – Komitat Sopron*

Die Geschichte des Elisabethgartens reicht, unter dem Namen Neuhof, bis in die zweite Hälfte des 18. Jahrhunderts zurück. Um 1800 wurde dort ein französischer und 1846/1847 ein englischer Garten angelegt. In dem beliebten Park fanden regelmäßig feierliche Veranstaltungen statt, so auch im Jahre 1857, als man dort anlässlich des Rundreise von Franz Joseph und Elisabeth ein Fest für sie gab. Zum Gedenken an die Königin erhielt der Park nach ihrem Tode ihren Namen.

207. Sopron – Komitat Sopron

208. Sopron – Komitat Sopron

Die 1951 abgeschickte Ansichtskarte zeigt den ältesten Teil des Parks und ist mehrere Jahrzehnte zuvor erschienen.

SOPRON
Erzsébet-kerti részlet — Neuhof

8647 Monsberger Gottfried, Sopron.

209. *Sopron – Komitat Sopron*

*210. Sopron – Komitat Sopron*

*211. Sopron – Komitat Sopron*

Der Bahnhof der Eisenbahnlinie Sopron – Wiener Neustadt wurde im Jahr 1847 neben dem Park erbaut. Die dorthin führende Elisabethstraße wurde nach der Auflösung des alten evangelischen Friedhofs im Jahre 1873 freigegeben. Auf der Ansichtskarte ist auch die Soproner Straßenbahn zu sehen, die ab dem 30. April 1900 für ganze 23 Jahre verkehrte.

## 212. Szabadka – Komitat Bács-Bodrog

Am Bahnhof von Szabadka (heute Subotica, Serbien) wurde mit verschiedenen Zierpflanzen der Elisabethpark angelegt, in dem am 10. September 1900, dem zweiten Todestag der Königin, die aus Spenden finanzierte Büste aufgestellt wurde. Das lebensgroße Denkmal ist das Werk von Alajos Stróbl und wurde in der Werkstatt Bodascher in Bronze gegossen. Bedauerlicherweise stand es nur bis 1918 an seinem Platz, sodass diese Ansichtskarte eine der letzten abgeschickten gewesen sein muss. Überhaupt pflegte die Stadt Szabadka den Elisabethkult sehr intensiv: Eine Straße wurde nach ihr benannt und mit 16 560 Zierbäumen bepflanzt; im Park des Bades im nahegelegenen Palics (heute Palić, Serbien) wurde ein Tannenhain angelegt, und am 28. Juli 1901 stellte das Offizierskorps des 8. Honvéd-Infanterieregiments von Szabadka das zweite Elisabethdenkmal auf, ein Werk des Bildhauers Ede Telcs, der Leutnant der Reserve war.

## 213. Szamosújvár – Komitat Szolnok-Doboka

Die Stadt Szamosújvár (heute Gherla, Rumänien) brachte ihre Verehrung gegenüber Königin Elisabeth durch das Anlegen eines öffentlichen Parks zum Ausdruck: Die Elisabeth-Promenade wurde Berichten zufolge mit 119 verschiedenen Zierbäumen und -sträuchern bepflanzt.

214. Szeged –
Komitat Csongrád

215. Szeged –
Komitat Csongrád

216. Szeged – Komitat Csongrád

## 217. Szeged – Komitat Csongrád

Am 29. September 1907 wurde unter den Bäumen der Stefánia-Promenade die von Miklós Ligeti geschaffene Ganzkörperskulptur Elisabeths enthüllt. Der Verein für Bildende Kunst in Szeged hatte im Jahre 1901 mit der Sammlung für eine Büste begonnen und angesichts des Erfolgs der Aktion im Jahre 1903 Miklós Ligeti mit der Anfertigung eines Entwurfs für eine sitzende Ganzkörperskulptur beauftragt. Da viel Geld zusammengekommen war, konnte das Denkmal aus carrarischem Marmor gefertigt werden. Bei der Enthüllung war in der Person Erzherzog Josephs auch die königliche Familie vertreten. Die zeitgenössische Presse kommentierte das Ereignis folgendermaßen: *„Und die Figur der hundertmal beweinten Königin wird uns nur umso lieber, als sie unsere Herzen gerade mit ihren weiblichen Tugenden gewonnen hat. Wir sehen in ihr keine nach Macht strebende und in die Intrigen bei Hof verstrickte Fürstin, (...) sondern eine wahre Ehefrau und Mutter, die ihren Mann und ihre Kinder nicht beeinflussen will, sondern sich um sie sorgt und sie von den Sorgen befreien will. (...) Unserer Ansicht nach war sie die Verkörperung des Ideals, das in der Vorstellung der Ungarn dem einer guten Ehefrau entspricht, und eben weil sie das Ideal aller verkörperte, waren ihr die Herzen aller Ungarn in Liebe zugetan."* (Vasárnapi Ujság, 6. Oktober 1907)

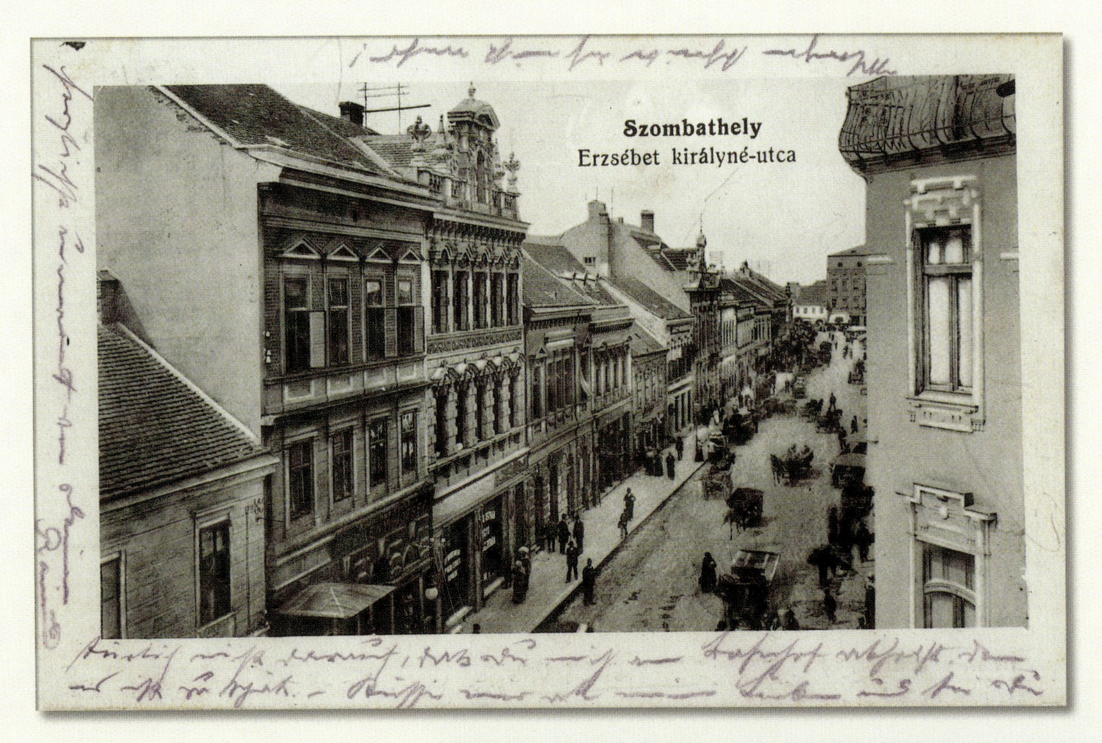


218. Szombathely – Komitat Vas

219. Szombathely – Komitat Vas

224. *Trencsén – Komitat Trencsén*

225. *Trencsén – Komitat Trencsén*

226. *Trencsén – Komitat Trencsén*

Auf die Nachricht vom Tode Königin Elisabeths hin legte die Stadt Trencsén (heute Trenčín, Slowakei) aus 29 100 Bäumchen einen Hain an, den eine Tafel mit der Aufschrift „Gedenkbäume der Königin Elisabeth" kennzeichnete. Es war wohl auch kein Zufall, dass so viele Einrichtungen den Namen Elisabeth trugen: Außer dem auf den Ansichtskarten abgebildeten imposanten Hotel hatte man auch ein Kaffeehaus und eine Bierstube nach der Königin benannt.

Der Gemeinderat von Trencsénteplic (heute Trenčianske Teplice, Slowakei) pflanzte in dem an die Gemeinde grenzenden Park 24 Linden. Der Park war über diesen malerischen Weg zu erreichen. Von hier aus *„bietet sich eine sehr schöne Aussicht auf den Park, auf die Menschen, die auf dem See Boot fahren, deren fröhliches Lachen vom gegenüberliegenden Berghang wie die Musik von tausend Glöckchen widerhallt."*

227. *Trencsénteplic – Komitat Trencsén*

228. *Újverbász – Komitat Bács-Bodrog*

Der Gemeinderat von Újverbász (heute Novi Vrbas, Serbien) legte den auf der Ansichtskarte abgebildeten Hain im Herbst 1899 an und schmückte ihn mit dem mit Türmchen verzierten Pavillon – zur Freude der Kinder des Dorfes.

## 229. *Újvidék – Komitat Bács-Bodrog*

Der Hauptplatz der Stadt Újvidék (heute Novi Sad, Serbien) wurde – wie in so vielen anderen ungarischen Städten – nach Königin Elisabeth benannt. Das große Gebäude auf der Ansichtskarte ist das im Jahre 1894 nach den Plänen von György Molnár errichtete neue Rathaus.

## 230. *Újvidék – Komitat Bács-Bodrog*

Zum Gedenken an Königin Elisabeth ließ die Stadt Újvidék (heute Novi Sad, Serbien) in dem See bei der Promenade eine Insel anlegen, die mit 1300 verschiedenen Zierbäumen und -sträuchern bepflanzt wurde. Von dort kann man fast die ganze Stadt überblicken, am linken Bildrand erhebt sich zum Beispiel der Turm des Rathauses.

## 231. *Ungvár – Komitat Ung*

Auch in Ungvár (heute Uschgorod, Ukraine) wurden zum Gedenken an Elisabeth Bäume gepflanzt: in der Stadt 700 Tannen, Platanen und Linden sowie Ziersträucher, im Garten des Lehrerseminars – auch zu Nutzungszwecken – 74 Obstbäume und natürlich ein kleiner Hain mit 50 Bäumchen auf dem Hof der Infanteriekaserne. Auf der Ansichtskarte ist hinter den Laubkronen am Ufer des Usch das Hotel Elisabeth zu sehen.

232. *Veszprém – Komitat Veszprém*

233. *Veszprém – Komitat Veszprém*

Auch die Stadt Veszprém legte einen Hain zu Ehren Königin Elisabeths an, der hauptsächlich mit Tannen, die sie besonders liebte, bepflanzt wurde. Im September 1900 wurde eine Sammelaktion für ein Denkmal gestartet. Aus den Spenden erwarb man die Bronzeversion der im Park Club aufgestellten Büste von György Zala. Das Denkmal wurde am 19. November 1901 feierlich enthüllt.

234. *Zirc – Komitat Veszprém*

LEVELEZŐ-LAP

Gyűjtötte Szabó Otmár
1908.

W. L. 2794.

gysz. 2741/1.

*„Die Sammlung für die Begründung dieses nach unserer seligen Königin Elisabeth benannten Krankenhauses begann der Zircer Oberstuhlrichter Antal Tőkéssy im Jahre 1855. Das Krankenhaus wurde in den Jahren 1897 bis 1899 erbaut (...). Am 1. März des Jahres 1900 wurde es für die leidende Menschheit eröffnet"*, verkündete die im Gebäude angebrachte Marmortafel. Auf der Rückseite der Ansichtskarte steht: „Gesammelt von Otmár Szabó, 1908". Das heißt, sie wurde nicht als Erinnerung oder zum Versenden einer Mitteilung, sondern zur Erweiterung einer Sammlung gekauft!

235. *Zombor – Komitat Bács-Bodrog*

Die Stadt Zombor (heute Sombor, Serbien) legte einen Park vor dem Komitatshaus an, der nach Elisabeth benannt wurde.

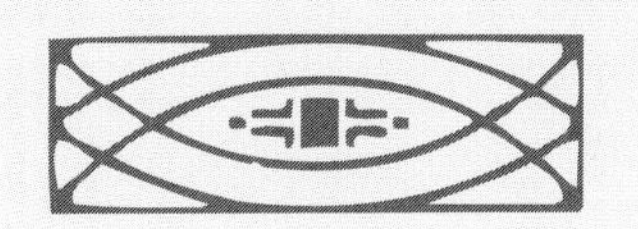

# ANHANG

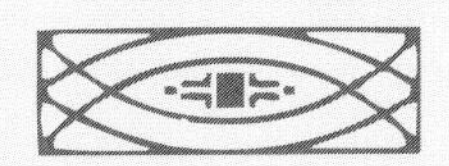

# VERZEICHNIS DER ANSICHTSKARTEN

Die folgende Liste enthält die Angaben zu den Ansichtskarten, die um der Übersichtlichkeit willen durchgehend nummeriert sind. Der Unterscheidung dienen die Beschriftungen auf der bebilderten Seite, in der beim Lesen üblichen Reihenfolge. (Fremdsprachige Beschriftungen werden nicht angeführt.) Außerdem werden der/die Verlag/e und der Fotograf, die Nummer der Ansichtskarte und – soweit bekannt – das Datum des Urheberrechtsschutzes angegeben. Die Rückseite der Ansichtskarten von vor 1905 ist nicht unterteilt, die Mitteilung wurde auf die bebilderte Seite geschrieben, ab 1905 war die Rückseite in zwei Teile geteilt, die jeweils für die Adresse und die Mitteilung bestimmt waren. Auf dieses formale Merkmal wird bei jeder Ansichtskarte hingewiesen. Außerdem werden der Tag, an dem die jeweilige Karte abgeschickt oder geschrieben wurde, und die Inventarnummer angegeben.

## ANSICHTSKARTEN AUS BUDAPEST

### ANSICHTSKARTEN AUS BUDA

*1. Gruß aus dem Königin-Elisabeth-Salzbad, Budapest. Hauptpromenade mit dem Badehaus*
Verlegt von: Magyar Fénynyomdai Részv.-Társ. (Ungarische Lichtdruckerei AG), Budapest; Nummer der Karte: 224
Schwarz-weiß, ungeteilt; Poststempel: 2. Dez. 1910
Inv.-Nr.: 2615/2

*2. Mattonis Elisabeth-Salzbad*
Verlegt von: Károly Divald, Budapest; Nummer der Karte: 373
Schwarz-weiß, ungeteilt; Poststempel: 24. Juli 1900
Inv.-Nr.: 2530/6

*3. Königlicher Palast. Budapest*
Verlegt von: Back & Schmitt, Wien, und C. Kanitz und Söhne, Budapest
Kolorierte Lithografie (Rosenberger), ungeteilt; Poststempel: 19. Febr. 1899
Inv.-Nr.: 2742/1

*4. Budapest. Königlicher Burgpalast. Thronsaal der Königin*
Verlegt von: Rotációs fényképsokszorosító üzem (Rotations-Fotovervielfältigungsbetrieb), Budapest
Braun-weiß, geteilt; ungestempelt, um 1930
Inv.-Nr.: 294

*5. Budapest. Detail des Gartens der Königin*
Verlegt von: Arthur Taussig, Budapest
Koloriert, ungeteilt; ungestempelt, nach 1900
Inv.-Nr.: 2418/6

*6. Budapest. Königlicher Palast (Habsburgsaal)*
Verlegt von: Csiki Foto, Budapest; Nummer des Fotos: 5
Braun-weiß, geteilt; ungestempelt, um 1920
Inv.-Nr.: 2594

*7. Budapest. Habsburgsaal in der Königsburg*
Verlegt von: Arthur Taussig, Budapest
Koloriert, geteilt; Poststempel: 12. Dez. 1906
Inv.-Nr.: 2585

*8. Budapest. Sankt-Stephans-Saal in der königlichen Burg*
Verlegt von: Arthur Taussig, Budapest;
Nummer der Karte: 5696
Koloriert, ungeteilt; Poststempel: 21. Aug. 1905
Inv.-Nr.: 762

*9. Budapest. Königlicher Palast. Porträt der Königin Elisabeth*
Verleger unbekannt
Kleinformatige schwarz-weiße Karte, 1910er Jahre
Inv.-Nr.: 2635/1

*10. Elisabeths Denkmal im Museum*
Verlegt von: Oszkár Kallos; Nummer der Karte: 398
Schwarz-weiß, geteilt; Poststempel: 30. Jan. 1912
Inv.-Nr.: 2472/1

*11. Budapest. Das Museum im königlichen Burgpalast*
Verlegt von: Arthur Taussig, Budapest;
Nummer der Karte: 9640
Koloriert, geteilt; geschrieben am 7. Apr. 1908
Inv.-Nr.: 1765

*12. Der Museumssaal im Königin-Elisabeth-Gedenkmuseum*
Verlegt von: Magy. Fénynyomdai Részv.-Társ. (Ungarische Lichtdruckerei AG), Budapest; Nummer der Karte: 124
Braun-weiß, geteilt; Poststempel: 19. Juli 1913
Inv.-Nr.: 2635/2

*13. Königin Elisabeths Schreibtisch*
Verlegt von: Rigler r.-t., Budapest
Braun-weiß, geteilt; Poststempel: 24. Okt. 1929
Inv.-Nr.: 2635/3

*14. Königin Elisabeths Schreibtisch im Königin-Elisabeth-Gedenkmuseum*
Verleger unbekannt
Schwarz-weiß, geteilt; ungestempelt, 1910er Jahre
Inv.-Nr.: 1398

*15. Königin Elisabeths Arbeitszimmer im Königin-Elisabeth-Gedenkmuseum*
Verlegt von: Magy. Fénynyomdai Részv.-Társ. (Ungarische Lichtdruckerei AG), Budapest; Nummer der Karte: 4010
Schwarz-weiß, geteilt; ungestempelt, 1910er Jahre
Inv.-Nr.: 1398

*16. Gipfel des Sankt-János-Bergs. Normafa. Budapest – Zugliget*
Verlegt von: Károly Divald, Budapest; Nummer der Karte: 172
Schwarz-weiß, ungeteilt; Poststempel: 2. Mai 1902
Inv.-Nr.: 2544/2

*17. Budapest. János-Berg. Königin-Elisabeth-Gedenkstein*
Verlegt von: S. L. B.; Nummer der Karte: 169
Schwarz-weiß, geteilt; ungestempelt, um 1910
Inv.-Nr.: 1765

*18. Königin-Elisabeth-Gedenktafel, János-Berg*
Schwarz-weiß, ungeteilt; ungestempelt, um 1900
Inv.-Nr.: 1339/42

*19. Budapest. Isten-Berg. Sankt-Annen-Kapelle. János-Berg. Königin-Elisabeth-Betstuhl*
Verleger unbekannt
Schwarz-weiß, geteilt; ungestempelt, 1910er Jahre
Inv.-Nr.: 1765

*20. Zum ehrfurchtsvollen Gedenken an Königin Elisabeth, auf dem Sankt-János-Berg*
Verlegt von: Kunstanstalt k. u. k. Hoffotograf Erdélyi, Budapest
Blau-weiß, ungeteilt; ungestempelt, um 1900
Inv.-Nr.: 1527

*21. János-Berg. Königin-Elisabeth-Betstuhl. Budapest*
Verlegt von: Johann Schwartz, Budapest
Schwarz-weiß, ungeteilt; Poststempel: 8. Juni 1903
Inv.-Nr.: 2669/2

*22. Königin-Elisabeth-Gedenkstätte*
Verlegt von: Gastwirt Mihály Kozár, Budapest; Nummer der Karte: 253
Schwarz-weiß, geteilt; Poststempel: 26. März 1913
Inv.-Nr.: 1765

*23. Budapest. Elisabeth-Aussichtsturm auf dem János-Berg (529 m)*
Foto: Divald; Nummer der Karte: 184
Schwarz-weiß, geteilt; ungestempelt, 1920er Jahre
Inv.-Nr.: 2550/3

*24. Budapest – János-Berg. Elisabeth-Aussichtsturm*
Verleger unbekannt; Nummer der Karte: 195
Schwarz-weiß, geteilt; Poststempel unleserlich, 1910er Jahre
Inv.-Nr.: 2608/2

*25. Budapest. Gedenkstätte für Königin Elisabeth auf dem János-Berg*
Verlegt von: Márton Neumann, Budapest
Koloriert, geteilt; Poststempel: 27. Dez. 1914
Inv.-Nr.: 1765

*26. Budapest. (Rotkreuz-)Elisabeth-Krankenhaus*
Verleger unbekannt; Nummer der Karte: 186
Schwarz-weiß, geteilt; Poststempel: 24. März 1928
Inv.-Nr.: 2662

*27. Aufnahmegebäude des „Elisabeth"-Krankenhauses des Rotkreuzvereins mit dem Springbrunnen*
Verleger unbekannt
Braun-weiß, ungeteilt; Poststempel: 28. Nov. 1905
Inv.-Nr.: 2589/2

*28. Marmorskulptur der Königin Elisabeth in der Matthiaskirche*
Schwarz-Weiß-Foto, um 1930
Inv.-Nr.: 1765

*29. Königin Elisabeths Zimmer. Gruß aus dem großen Restaurant auf dem Gellért-Berg. Budapest*
Verlegt von: Berczi Fodor
Schwarz-weiß, geteilt; ungestempelt, um 1905
Inv.-Nr.: 2555/1

*30. Budakesz. Elisabeth-Sanatorium mit dem János-Berg*
Verlegt von: K. J., Budapest; Nummer der Karte: 24, 1920/25
Farbig, geteilt; Poststempel: 9. Sept. 1921
Inv.-Nr.: 2149

*31. Budakeszi. Königin-Elisabeth-Sanatorium. Eingangshalle*
Verlegt von: Photo Erdélyi, Budapest
Grün-weiß, geteilt; Poststempel: 24. Okt. 1929
Inv.-Nr.: 1765

*32. Budakeszi. Elisabeth-Sanatorium*
Verlegt von: J. Odobrani Knopfmacher, Budapest; Nummer der Karte: 13, 1924/30
Farbig, geteilt; Poststempel: 12. Febr.? 1927
Inv.-Nr.: 2701/4

33. *Budapest. Elisabethbrücke*
Größte Spannweite aller Brücken auf der Welt:
Niagarabrücke: 258 m – Elisabethbrücke: 290 m
Verlegt von: Arthur Taussig, Budapest; Nummer der Karte: 5132
Koloriert, ungeteilt; Poststempel: 12. Mai 1906
Inv.-Nr.: 2561/1

34. *Clothilde-Paläste. Budapest*
Verlegt von: Károly Divald, Budapest; Nummer der Karte: 435
Schwarz-weiß, ungeteilt; Poststempel: 5. März 1902
Inv.-Nr.: 2415/1

35. *Budapest. Elisabethbrücke mit dem Sankt-Gellért-Denkmal*
Verlegt von: N. M., Budapest; Nummer der Karte: 4
Koloriert, geteilt; Poststempel: 15. Sept. 1910
Inv.-Nr.: 2272

36. *Elisabethbrücke. Budapest*
Verlegt von: N. M., Budapest; Nummer der Karte: 94
Schwarz-weiß, geteilt; Poststempel: 26. Mai 1911
Inv.-Nr.: 2362/4

37. *Budapest. Elisabethbrücke*
Verleger unbekannt
Koloriert, geteilt; Poststempel: 14. Apr. 1911
Inv.-Nr.: 2272

38. *Budapest. Ansicht der Donau mit der Elisabethbrücke*
Verleger unbekannt; Nummer der Karte: 39, 1915-19
Koloriert, geteilt; Poststempel unleserlich, 1915–1919
Inv.-Nr.: 2272

39. *Ansicht von Budapest und Elisabethbrücke*
Verleger unbekannt; Nummer der Karte: 191
Schwarz-weiß, ungeteilt; ungestempelt, nach 1903
Inv.-Nr.: 2630

40. *Budapest. Ansicht*
Verlegt von: K. J., Budapest; Nummer der Karte: 45, 1918/22
Koloriert, geteilt; ungestempelt, 1918–1922
Inv.-Nr.: 2272

41. *Budapest. Aussicht vom Gellért-Berg*
Verlegt von: Modern, Budapest; Nummer der Karte: 21
Koloriert, geteilt; ungestempelt, um 1920
Inv.-Nr.: 2292

42. *Budapest. Elisabethbrücke*
Verlegt von: Barasits, Budapest; Nummer der Karte: 217
Schwarz-weiß, geteilt; Poststempel unleserlich, um 1940
*Inv.-Nr.: 2437/1*

43. *Kaffeehaus Elisabethbrücke*
Verlegt von: Fotograf P. Badovinsky
Schwarz-weiß, ungeteilt; Poststempel: 28. Aug. 1904
Inv.-Nr.: 2406

44. *Königin-Elisabeth-Denkmal. Gruß aus Csillaghegy*
Verlegt von: Ignácz Kalmár, Károly Divald, Budapest
Koloriert, geteilt; Poststempel: 3. Juli 1911
Inv.-Nr.: 1765

## ANSICHTSKARTEN AUS PEST

45. *Budapest. Ein Teil des Elisabethplatzes*
Verlegt von: Károly Divald, Budapest; Nummer der Karte: 45
Schwarz-weiß, ungeteilt; ungestempelt, um 1900
Inv.-Nr.: 2550/4

46. *Budapest. Elisabeth-Promenade. Das Kiosk-Café*
Verlegt von: Antal Ganz, Budapest; Nummer der Karte: 83
Schwarz-weiß, ungeteilt; Poststempel: 31. Dez. 1903
Inv.-Nr.: 2292

47. *Budapest. Der Kiosk auf dem Elisabethplatz*
*und ein Teil des Parks*
Verlegt von: György Károlyi, Budapest; Nummer der Karte: 16
Schwarz-weiß, ungeteilt; geschrieben um 1900
Inv.-Nr.: 2311/3

48. *Budapest. Elisabethplatz*
Verlegt von: N. M., Budapest
Koloriert, geteilt; Poststempel: 26. Jan. 1915
Inv.-Nr.: 2544/1

49. *Budapest. Nationaler Salon (Elisabethplatz)*
Verlegt von: B. H., Budapest; Nummer der Karte: 7144, 1907
Schwarz-weiß, geteilt; Poststempel: 18. Sept. 1907
Inv.-Nr.: 2589/1

50. *Erzsébetfalva. Detail der Hauptstraße*
Verlegt von: Lipót Friedmann, Budapest, K. J., Budapest;
Nummer der Karte: 6043, 1919/23
Braun-weiß, geteilt; ungestempelt, zwischen 1919 und 1923
Inv.-Nr.: 2322/2

51. *Erzsébetfalva. Kossuth-Lajos-Straße*
Verlegt von: N. M., Budapest
Braun-weiß, geteilt; Poststempel: 12. Nov. 1913
Inv.-Nr.: 2550/1

52. *Gruß aus Erzsébetfalva. Gewürzhandlung von*
*Miksa Ulmer. Gyár-Straße. Königl.-Ung. Staatl. Volksschule*
Verlegt von: Miksa Ulmer, Erzsébetfalva; Nummer der Karte:
688 12 F 75
Schwarz-weiß, geteilt; ungestempelt, um 1910
Inv.-Nr.: 2242/1

53. *Gruß aus Erzsébetfalva. Gewürzhandlung*
*Frau Imréné Nyikos. Rákóczi-Straße*
Verlegt von: Imréné Nyikos, Erzsébetfalva; Nummer der Karte: 2292
Schwarz-weiß, geteilt; ungestempelt, um 1910
Inv.-Nr.: 2357/8

*54. Erzsébetfalva – Königl.-Ung. Staatl. Volksschule*
Verlegt von: Pannonia fényk. műterem (Pannonia Fotoatelier), Erzsébetfalva; Nummer der Karte: 92
Schwarz-weiß, geteilt; Poststempel: 2. Febr. 1919
Inv.-Nr.: 2342/3

*55. Hotel Königin Elisabeth, Budapest IV., Egyetem-Straße 5–7*
Verleger unbekannt; Nummer der Karte: 125
Braun-weiß, geteilt; datiert: 2. Jan. 1914
Inv.-Nr.: 2334/3

*56. Hotel Königin Elisabeth – Budapest*
Verlegt von: Druckerei Pallas, Budapest
Schwarz-weiß, geteilt; Poststempel: 2. Mai 1929
Inv.-Nr.: 1765

*57. Hotel Königin Elisabeth – Budapest. Elisabeth-Keller*
Verlegt von: Druckerei Pallas, Budapest
Grün-weiß, geteilt; ungestempelt, 1920er Jahre
Inv.-Nr.: 1765

*58. Wandgemälde von Béla Sándor im Keller der Elisabeth-Bierstube: aus der Dichtung „Held János" von Sándor Petőfi*
Verlegt von: Grafikai Intézet Rt. (Grafisches Institut AG)
Farbig, geteilt; Poststempel: 3. Sept. 1927
Inv.-Nr.: 2272

*59. Gruß aus Budapest. Elisabethring*
Verlegt von: D. Halberstadt, Wien; Nummer der Karte: B b 21
Schwarz-weiß, ungeteilt; Poststempel: 16. Mai 1898
Inv.-Nr.: 2362/2

*60. Gruß aus Budapest. Elisabethring*
Verlegt von: D. Halberstadt, Wien; Nummer der Karte: 114
Schwarz-weiß, ungeteilt; Poststempel: 4. März 1898
Inv.-Nr.: 2362/1

*61. Elisabethring. Budapest*
Verlegt von: Antal Ganz, Budapest; Nummer der Karte: 7
Schwarz-weiß, ungeteilt; Poststempel: 5. Mai 1903
Inv.-Nr.: 2342/2

*62. Budapest. Elisabethring*
Verlegt von: Kl. V., Budapest; Nummer der Karte: 41
Koloriert, ungeteilt; ungestempelt, um 1900
Inv.-Nr.: 2561/2

*63. Budapest, Detail des Elisabethrings vom Grand Hotel Royal in Richtung Oktogon-Platz gesehen*
Verlegt von: Kunstanstalt Ottmar Zieher, München, Künstlerpostkarte N82555; Nummer der Karte: 973
Farbige Grafik (Raoul Frank), ungeteilt; ungestempelt, um 1900
Inv.-Nr.: 2742/2

*64. Budapest. Elisabeth- und Theresienring bis zur Andrássy-Straße*
Verlegt von: Antal Ganz, Budapest; Nummer der Karte: 48
Schwarz-weiß, ungeteilt; ungestempelt, um 1900
Inv.-Nr.: 2322/1

*65. Budapest. Elisabethring, Hotel Royal*
Verlegt von: Photobrom; Nummer der Karte: 91
Schwarz-weiß, geteilt; ungestempelt, nach 1904
Inv.-Nr.: 2311/6

*66. Budapest. Park Club*
Verlegt von: Rigler, Budapest
Braun-weiß, geteilt; Poststempel: 13. Juni 1914
Inv.-Nr.: 2342/1

*67. Pavillon „Royal" Gerbeaud. Stadtwald*
Verlegt von: A. Weinwurm jun. und Co.
Braun-weiß, geteilt; ungestempelt, um 1905
Inv.-Nr.: 2311/5

*68. Der Salondampfer „Königin Elisabeth" der Königlich-Ungarischen Fluss- und Seeschifffahrtsgesellschaft*
Verlegt von: György Klösz und Sohn, Budapest
Braun-weiß, geteilt; ungestempelt, um 1910
Inv.-Nr.: 2597/2

*69. Detail des Elisabethhains. Mátyásföld, 190...*
Verlegt von: Károly Divald, Budapest
Schwarz-weiß, ungeteilt; Poststempel: 31. Juli 1902
Inv.-Nr.: 2468/5

*70. Kispest. Detail des Elisabethplatzes*
Verlegt von: „Hungária" Buch- und Schreibwarenhandlung E. Thienschmiedt, Kispest
Schwarz-weiß, geteilt; ungestempelt, um 1920
Inv.-Nr.: 2401/2

*71. István-Straße und Elisabeth-Frauenschule. Budapest*
Verlegt von: S. L. B.; Nummer der Karte: 149
Schwarz-weiß, geteilt; ungestempelt, um 1910
Inv.-Nr.: 2550/5

*72. Elisabeth-Frauenschule*
Verlegt von: György Klösz und Sohn, Budapest
Schwarz-weiß, geteilt; Poststempel: 7. Jan. 1907
Inv.-Nr.: 2311/4

*73. Elisabeth-Frauenschule. Detail des Gartens*
Verlegt von: György Klösz und Sohn, Budapest; Nummer der Karte: 969
Schwarz-weiß, geteilt; Poststempel: 14. Mai 1910
Inv.-Nr.: 2334/1

*74. Schultagebuch der Königlich-Ungarischen Staatlichen Elisabeth-Frauenschule*
Verlegt von: Verein der Ehemaligen der Elisabeth-Frauenschule
Braun-weiß, geteilt; ungestempelt, um 1920
Inv.-Nr.: 1339/24

*75. Elisabeth-Frauenschule. Spielplatz. Turnhalle*
Verlegt von: György Klösz und Sohn, Budapest
Schwarz-weiß, geteilt; Poststempel: 11. Sept. 1912
Inv.-Nr.: 2334/2

*76. Das Innere der Kapelle. Franz-Joseph-Denkmal. Kapelle. Elisabethdenkmal. Königlich-Ungarisches Staatliches Mädchenerziehungsheim in Rákospalota*
Verlegt von: Königlich-Ungarische Tabak- und Zigarrenhandlung der Blinden in Újpest; Nummer der Karte: 2227
Farbig, geteilt; Poststempel: 29. Aug. 1926
Inv.-Nr.: 2418/5

*77. Skulptur von György Zala. Grabmal Königin Elisabeths in der Familiengruft*
Verlegt von: József Ferenczy und Co., Budapest
Schwarz-weiß, ungeteilt; Poststempel: 3. Nov. 1900
Inv.-Nr.: 1398

*78. (Im Atelier von György Zala – Budapest)*
Verleger unbekannt
Braun-weiß, ungeteilt; ungestempelt, um 1900
Inv.-Nr.: 1339/34

*79. Denkmal Graf Gyula Andrássys. Budapest*
Verlegt von: Károly Divald, Budapest; Nummer der Karte: 1691-1907
Schwarz-weiß, geteilt; Poststempel: 12. Nov. 1907
Inv.-Nr.: 2455/2

*80. Budapest. Andrássy-Denkmal*
Verlegt von: A. L.; Nummer der Karte: Serie Bp. 11
Koloriert, geteilt; Poststempel: 7. Juni 1910
Inv.-Nr.: 1765

*81. Budapest. Krönungsszene auf dem Andrássy-Denkmal*
Verlegt von: Karinger, Budapest; Nummer der Karte: 254
Schwarz-Weiß-Foto, geteilt; ungestempelt, 1930er Jahre
Inv.-Nr.: 1907

*82. Budapest, Denkmal Graf Gyula Andrássys*
Verlegt von: Raphael Tuck & Sons, „Oilette" Series Budapest; Nummer der Karte: 778
Koloriert, geteilt; Poststempel: 10. Juli 1917
Inv.-Nr.: 1901/3

*83. Örökimádás-Kirche (Kirche der ewigen Anbetung). Budapest. Denkmal Königin Elisabeths*
Verlegt von: Verlagshaus Örökimádás, Károly Divald, Budapest
Schwarz-weiß, geteilt; ungestempelt, Anfang der 1910er Jahre
Inv.-Nr.: 1765

*84a Zum ehrfurchtsvollen Gedenken an unsere in Gott selige Königin Elisabeth*
Verleger unbekannt
Schwarz-weiß, geteilt; Poststempel: 7. Nov. 1911
Inv.-Nr.: 811

*84b Zum ehrfurchtsvollen Gedenken an unsere in Gott selige Königin Elisabeth*
Verlegt von: Franklin Társulat
Schwarz-weiße Gedenkkarte, Anfang der 1900er Jahre
Inv.-Nr.: 437/2

*85. Budapest. Königin-Elisabeth-Denkmal*
Verleger unbekannt; Nummer der Karte: 718
Schwarz-weiß, geteilt; ungestempelt, 1930er Jahre
Inv.-Nr.: 1765

*86. Budapest. Königin-Elisabeth-Denkmal*
Verlegt von: Magyar Fotophot r-t., Budapest; Nummer der Karte: 1832
Schwarz-weiß, geteilt; Poststempel: 16. Mai 1933
Inv.-Nr.: 1765

*87. Budapest. Königin-Elisabeth-Denkmal*
Verlegt von: J. R. E., Weinstock fotó; Nummer der Karte: 750
Blau-weiß, geteilt; Poststempel: 15. Nov. 1933
Inv.-Nr.: 1765

*88. Budapest. Königin-Elisabeth-Denkmal*
Verlegt von: J. R. E.; Nummer der Karte: 749
Braun-weiße Farbvariation, geteilt; Poststempel: 12. Okt. 1932
Inv.-Nr.: 1105

## ANSICHTSKARTEN AUS ANDEREN LANDESTEILEN

**ADONY (Komitat Fejér)**
*89. Gruß aus Adony – Elisabethstraße*
Verlegt von: Tabakhändler András Rabóczky; Nummer der Karte: 478, Nummer des Fotos: 12351
Schwarz-weiß, geteilt; geschrieben um 1910
Inv.-Nr.: 2415/2

**ARAD (Komitat Arad)**
*90. Arad. Elisabethring*
Verlegt von: Eisenbahn-Ansichtskartenverkauf, Budapest, Divald und Monostory, Budapest; Nummer der Karte: 31 – 1915
Koloriert, geteilt; Poststempel: 21. Dez. 1916
Inv.-Nr.: 2555/6

*91. Arad. Elisabethbrücke*
Verlegt von: Izsó Kerpel in Arad; Nummer der Karte: 2488
Koloriert, geteilt; ungestempelt, um 1910
Inv.-Nr.: 2530/5

*92. Arad. Königin-Elisabeth-Denkmal*
Verlegt von: Eisenbahn-Ansichtskartenverkauf, Budapest, Divald und Monostory; Nummer der Karte: 11 – 1916
Koloriert, geteilt; ungestempelt, 1916
Inv.-Nr.: 1765

**ARANYOSMARÓT (Komitat Bars)**
*93. Gruß aus Aranyosmarót. Elisabethplatz*
Verlegt von: Königlich-Ungarische Tabakgroßbörse Károly Eisenberg; Nummer der Karte: 367
Schwarz-weiß, geteilt; ungestempelt, um 1910
Inv.-Nr.: 2593/2

**BAJA (Komitat Bács-Bodrog)**
*94. Baja. Königin-Elisabeth-Straße*
Verlegt von: Gyula Wurmfeld, Baja; Nummer der Karte: 09 32805
Koloriert, geteilt; Poststempel: 16. Dez. 1915
Inv.-Nr.: 2680

**BALASSAGYARMAT (Komitat Nógrád)**
*95. Balassagyarmat. Elisabethhain*
Verlegt von: Buch- und Papierwarenhändler Zsigmond Wertheimer; Nummer der Karte: 1828
Koloriert, geteilt; ungestempelt, 1905–1912
Inv.-Nr.: 2263

**BALATONFÜRED (Komitat Zala)**
*96. Balatonfüred. Elisabethhof*
Verleger unbekannt; Nummer der Karte: 1041
Schwarz-weiß, ungeteilt; Poststempel: 2. Aug. 1904
Inv.-Nr.: 2715/1

*97. Bad Balatonfüred. Elisabeth-Sanatorium*
Verlegt von: Kalántay, Nachfolger von Monostory, Budapest; Nummer der Karte: 838
Schwarz-weiß, geteilt; Poststempel: 14. Sept. 1948
Inv.-Nr.: 1533

*98. Balatonfüred. Hotel Elisabeth und Elisabeth-Sanatorium*
Verlegt von: Eisenbahn-Ansichtskartenverkauf, Budapest; Nummer der Karte: 6904
Farbig, geteilt; Poststempel: 22. Juli 1921
Inv.-Nr.: 2474

**BALATONLELLE (Komitat Somogy)**
*99. Balatonlelle (Elisabeth-Kinderferienlager)*
Verlegt von: Richárd Franzoso; Nummer der Karte: 5258
Schwarz-weiß, geteilt; Poststempel unleserlich, um 1910
Inv.-Nr.: 2418/2

**BÁRTFAFÜRDŐ (Komitat Sáros)**
*100. Bártfafürdő. Gedenkstein bei der Heilquelle, in dem das Trinkglas der seligen Königin Elisabeth platziert wurde*
Verlegt von: Horovitz, Bártfa; Nummer der Karte: 31
Schwarz-weiß, geteilt; Poststempel: 12. Juni 1913
Inv.-Nr.: 1765

*101. Bártfafürdő. Hotel Deák*
Verlegt von: Viktor Neumann; Nummer der Karte: 5862
Koloriert, geteilt; Poststempel: 23. Mai 1918
Inv.-Nr.: 1765

*102. Königin-Elisabeth-Denkmal. Bártfafürdő.*
Verlegt von: Adolf Divald, Bártfa; Nummer der Karte: 191
Schwarz-weiß, gerahmt, ungeteilt (von Hand geteilt); Poststempel: 6. Sept. 1912
Inv.-Nr.: 1765

*103. Königin-Elisabeth-Denkmal. Bártfafürdő. Ein Werk von Gyula Donáth*
Verlegt von: Adolf Divald, Bártfa
Schwarz-weiß, ungeteilt; Poststempel: 17. Aug. 1903
Inv.-Nr.: 222

*104. Hotel Königin Elisabeth, Kursaal und Kaffeehaus. Bártfafürdő*
Verlegt von: Kunstanstalt Divald, Eperjes (heute Prešov, Slowakei); Nummer der Karte: 50-1909
Braun-weiß, geteilt; Poststempel: 19. Juli 1911
Inv.-Nr.: 2272

*105. Bártfafürdő. Königin-Elisabeth-Quelle und Hotel*
Verlegt von: Viktor Neumann, Bártfafürdő; Nummer der Karte: 11
Koloriert, geteilt; Poststempel: 3. Sept. 1918
Inv.-Nr.: 2530/2

*106. Detail des Königin-Elisabeth-Rings. Bártfafürdő*
Verlegt von: Adolf Divald, Bártfa; Nummer der Karte: 134
Schwarz-weiß, ungeteilt; Poststempel: 31. Juli 1902
Inv.-Nr.: 2555/8

*107. Bártfafürdő. Königin-Elisabeth-Ring – Villa Rayon im Tannenwald*
Verlegt von: Mór Salgó; Nummer der Karte: 5019
Koloriert, geteilt; Poststempel: 20. Aug. 1918
Inv.-Nr.: 2615/1

**BERECK (Komitat Háromszék)**
*108. Gruß aus Bereck. Elisabeth-Gedenksäule*
Verlegt von: F. Bogdán, Fotograf
Schwarz-weiß, ungeteilt; ungestempelt, um 1900
Inv.-Nr.: 2687

**BÉKÉS (Komitat Békés)**
*109. Békés. Elisabeth-Spaziergarten*
Verlegt von: Baron Géza Drechsel, Békés; Nummer der Karte: 4053
Koloriert, ungeteilt; Poststempel: 10. Sept. 1906
Inv.-Nr.: 2741/2

**CECE (Komitat Fejér)**
*110. Cece. Königin-Elisabeth-Denkmal*
Ein Geschenk der gnädigen Witwe Antalné Bauer
Verlegt von: K. u. k. Hoffotograf Erdélyi
Schwarz-weiß, ungeteilt; Poststempel: 4. Juni 1906
Inv.-Nr.: 2418/3

**DICSŐSZENTMÁRTON (Komitat Kis-Küküllő)**
*111. Dicsőszentmárton. Elisabethplatz*
Verlegt von: Sándor Jeremiás, Dicsőszentmárton.
Darübergestempelt: Aus dem Federbettenhaus von Dezső Szatmáry, Dicsőszentmárton; Nummer der Karte: 7059
Koloriert, geteilt; Poststempel: 30. März 1908
Inv.-Nr.: 2667/1

*112. Dicsőszentmárton – Elisabethstraße*
Verlegt von: Dosztáls „Elisabeth"-Buchdruckerei und -Papierhandel, Dicsőszentmárton; Nummer der Karte: 3425
Koloriert, geteilt; Poststempel: 23. Sept. 1917
Inv.-Nr.: 2555/5

**DUNABOGDÁNY (Komitat Pest)**
*113. Ref. Kirche. Ref. Pfarrhaus. Gruß aus Dunabogdány! Elisabethstraße*
Verlegt von: T. J.
Schwarz-weiß, ungeteilt; Poststempel: 11. Aug. 1909
Inv.-Nr.: 2468/1

**DUNAFÖLDVÁR (Komitat Tolna)**
*114. Dunaföldvár. Elisabethplatz*
Verlegt von: Manó Somló; Nummer der Karte: 43273
Schwarz-weiß, ungeteilt; geschrieben am 7. Sept. 1901
Inv.-Nr.: 2549/2

**ELŐPATAK (Komitat Háromszék)**
*115. Előpatak. Elisabethquelle*
Verlegt von: E. Téglas, Elisabethbasar, Előpatak; Nummer der Karte: 19612
Schwarz-weiß, geteilt; Poststempel: 25. Juli 1925
Inv.-Nr.: 2242/2

**EPERJES (Komitat Sáros)**
*116. Elisabethdenkmal. Kanonierkaserne. Eperjes*
Lichtdruck aus der Kunstanstalt Divald, Eperjes
Schwarz-weiß, ungeteilt; Poststempel: 15. Juni 1903
Inv.-Nr.: 2514/5

**ERZSÉBETVÁROS (Komitat Kis-Küküllő)**
*117. Erzsébetváros, Hauptplatz*
Verlegt von: A. Scholtes; Nummer der Karte: 764
Braun-weiß, geteilt; Poststempel: 6. Okt. 1907
Inv.-Nr.: 2334/6

**GÖDÖLLŐ (Komitat Pest-Pilis-Solt-Kiskun)**
*118. Gödöllő. Das königliche Schloss*
Verlegt von: Gebrüder Pick, Wien, aus dem Werk „Gödöllő" von F. Ripka
Koloriert, ungeteilt; Poststempel: 5. Okt. 1900
Inv.-Nr.: 1405

*119. Gödöllő. Das königliche Schloss*
Verlegt von: Gebrüder Pick, Wien, aus dem Werk „Gödöllő" von F. Ripka
Koloriert, ungeteilt; Poststempel: 8. Sept. 1902
Inv.-Nr.: 2610

*120. Gödöllő, innerer Teil des königlichen Schlosses*
Verlegt von: György Monostory, Budapest; Nummer der Karte: 11
Farbig, ungeteilt; Poststempel: 28. Okt. 1919
Inv.-Nr.: 1405

*121. Gödöllő. Die Laube der Königin*
Verlegt von: Gebrüder Pick, Wien
Schwarz-weiß, ungeteilt; Poststempel: 7. Aug. 1899
Inv.-Nr.: 2623/2

*122. Gödöllő. Der Hof des Schlosses*
Verlegt von: Józsefné Nemesánszky, Gödöllő; Nummer der Karte: K 202
Koloriert, gerahmt, ungeteilt; Poststempel: 3. Juni 1902
Inv.-Nr.: 2688/2

*123. Gruß aus Gödöllő!*
Verlegt von: Károly Divald, Budapest, eine Aufnahme des k. u. k. Hoffotografen Erdélyi; Nummer der Karte: 227
Schwarz-weiß, ungeteilt; Poststempel unleserlich, um 1900
Inv.-Nr.:1405

*124. Das königliche Schloss. Pavillon im oberen Park. Gödöllő. Bahnhof. (Mária-)Besnyő.*
Koloriert, lithografiert, gerahmt, ungeteilt;
Poststempel: 1. Okt. 1898
Inv.-Nr.: 2295

*125. Gödöllő. Das Orangenhaus des königlichen Schlosses*
Verlegt von: Verbrauchergenossenschaft Gödöllő;
Nummer der Karte: 304
Koloriert, geteilt; ungestempelt, um 1910
Inv.-Nr.: 2740/1

*126. Das königliche Schloss. Gödöllő.*
Verlegt von: D. R. G. M.; Nummer der Karte: 81314
Braun-weiße Grafik, ungeteilt; Poststempel: 2. Mai 1900
Inv.-Nr.: 2028

*127. Gödöllő. Der Hof des Schlosses*
Verlegt von: Józsefné Nemesánszky, Gödöllő;
Nummer der Karte: K 202
Koloriert, gerahmt, ungeteilt; Poststempel: 20. Juni 1902
Inv.-Nr.: 1514

*128. Bahnhofsgebäude. Gruß aus Gödöllő!*
*Hotel Königin Elisabeth*
Verlegt von: Károly Divald, Budapest
Schwarz-weiß, ungeteilt; Poststempel: 26. Aug. 1900
Inv.-Nr.: 1399

*129. Hotel Elisabeth. Gödöllő*
Verleger unbekannt
Schwarz-weiß, ungeteilt; Poststempel: 6. Nov. 1904
Inv.-Nr.: 2418/1

*130. Königin-Elisabeth-Straße. Gödöllő*
Verlegt von: Éliás Graf
Schwarz-weiß, ungeteilt; Poststempel: 10. Aug. 1905
Inv.-Nr.: 1406

*131. Gödöllő. Königsstraße*
Verlegt von: Vladimirné Wilszky, Gödöllő;
Nummer der Karte: 234
Koloriert, geteilt; Poststempel: 20. Sept. 1908
Inv.-Nr.: 1405

*132. Franz-Joseph-Platz. Postgebäude. Gödöllő.*
*Königin-Elisabeth-Straße. Eingang des Schlossgartens*
Verleger unbekannt; Nummer der Karte: 286
Schwarz-weiß, geteilt; Poststempel: 25. Juli 1911
Inv.-Nr.: 1406

*133. Feier zur Enthüllung des Elisabethdenkmals*
*(Ankunft der königlichen Familie). Gödöllő*
Aufnahme von József Kossak
Schwarz-weiß, ungeteilt; Poststempel: 11. Okt. 1901
Inv.-Nr.: 1397

*134. Feier zur Enthüllung des Elisabethdenkmals*
*(die königliche Familie an der Felsformation). Gödöllő*
Aufnahme von József Kossak
Schwarz-weiß, ungeteilt; Poststempel: 3. Aug. 1901
Inv.-Nr.: 2028

*135. Budapest. Königin-Elisabeth-Denkmal Gödöllő*
Verlegt von: Arthur Taussig, Budapest, Br. & S. M.;
Nummer der Karte. 5118
Koloriert, ungeteilt; Poststempel: 26. Juli 1904
Inv.-Nr.: 1397

*136. Gödöllő. Elisabethpark*
Verleger unbekannt
Schwarz-weiß, ungeteilt; Poststempel: 9. März 1901
Inv.-Nr.: 2028

*137. Gödöllő. Elisabethpark*
Verleger unbekannt
Schwarz-weiß, ungeteilt; Poststempel: 9. März 1901
Inv.-Nr.: 1397

*138. Gödöllő. Elisabethpark*
Aufnahme von Krummer
Schwarz-weiß, geteilt; Poststempel: 1. Dez. 1931
Inv.-Nr.: 2624/2

*139. Detail des Parks. Gruß aus Gödöllő!*
Verlegt von: Károly Divald, Budapest;
Nummer der Karte: 509-1907
Schwarz-weiß, geteilt; Poststempel: 18. Mai 1907
Inv.-Nr.: 2028

*140. Gruß aus Gödöllő. Königin-Elisabeth-Denkmal.*
*Königliches Schloss. Bahnhof. Königlicher Wartesaal*
Verleger unbekannt
Koloriert, gerahmt, geteilt; Poststempel: 17. Aug. 1908
Inv.-Nr.: 1406

*141. Elisabethgarten, Kreuzweg. Detail des unteren Parks.*
*Gödöllő*
Verlegt von: Dr. Trenkler Co., Leipzig;
Nummer der Karte: 1908. Göd. 12
Schwarz-weiß, geteilt; Poststempel: 22. März 1909
Inv.-Nr.: 1405

*142. Königin-Elisabeth-Denkmal. Gödöllő*
Verlegt von: Vladimirné Wilszky, Gödöllő;
Nummer der Karte: 367
Schwarz-weiß, gerahmt, geteilt; ungestempelt, um 1910
Inv.-Nr.: 294

**GYOMA (Komitat Békés)**
*143. Gyoma. Rathaus ... Elisabethhain ...*
*Ansicht des Körös-Ufers*
Verlegt von: Papierhändler Béla Végh
Farbig, geteilt; Poststempel: 23. Juli 1927
Inv.-Nr.: 2715/2

**GYŐR (Komitat Győr)**
*144. Győr. Elisabethplatz*
Verlegt von: W. L.; Nummer der Karte: 2062
Schwarz-weiß, geteilt; ungestempelt, um 1910
Inv.-Nr.: 2366/1

*145. Győr. Elisabethplatz*
Verlegt von: J. Mahler, Győr, K. J., Budapest;
Nummer der Karte: 2080 2, 1919/28
Farbig, geteilt; Poststempel: 4. Aug. 1925
Inv.-Nr.: 2611/1

**GYULA (Komitat Békés)**
*146. Pavillon im Göndöcs-Volkspark in Gyula*
Verlegt von: János Dobay, Gyula
Koloriert, geteilt; Poststempel: 2. Dez. 1905
Inv.-Nr.: 2415/3

*147. Gyula. Der Göndöcs-Garten mit dem Elisabethdenkmal*
Verlegt von: K. J., Budapest, Druckerei Leopold;
Nummer der Karte: 418, 1914/18
Schwarz-weiß, geteilt; Poststempel: 14. Juni 1915
Inv.-Nr.: 1765

**HÓDMEZŐVÁSÁRHELY (Komitat Csongrád)**
*148. Gruß aus Hódmezővásárhely.*
*Allee der Elisabeth-Promenade*
Verlegt von: Nachfolger von Benedek Grossmann;
Nummer der Karte: 24681/9
Braun-weiß, geteilt; Poststempel: 20. Febr. 1906
Inv.-Nr.: 2530/11

*149. Heldendenkmal. Detail einer Straße. Schwimmbad.*
*Hódmezővásárhely. Öffentliches Elisabeth-Krankenhaus*
Verlegt von: Ansichtskartenverlag Gárdony und Fenyvesi,
Budapest; Nummer der Karte: 3354, 56, 62, 63, 1940
Schwarz-weiß, geteilt; ungestempelt, 1940
Inv.-Nr.: 2701/1

**KAPOSVÁR (Komitat Somogy)**
*150. Gruß aus Kaposvár*
Verleger unbekannt
Schwarz-weiß, ungeteilt; Poststempel: 19. Dez. 1901
Inv.-Nr.: 2468/3

*151. Kaposvár, Elisabethstraße*
Verlegt von: Károly Hagelmann, Kaposvár, Divald und Monostory,
Budapest; Nummer der Karte: 27025
Koloriert, gerahmt, geteilt; ungestempelt, um 1910
Inv.-Nr.: 2334/7

**KESZTHELY (Komitat Zala)**
*152. Keszthely. Königin-Elisabeth-Weg*
Verlegt von: Buch-, Papier-, Musikalienhandlung und
Buchdruckerei Ignácz Mérei, Verleger der „Keszthelyer Zeitung",
1914, Divald und Monostory, Budapest
Koloriert, geteilt; Poststempel: 15. Juli 1918
Inv.-Nr.: 2496/1

**KISBÉR (Komitat Komárom)**
*153. Kisbér. Wenckheim-Denkmal. Königin-Elisabeth-Denkmal.*
*Kozma-Denkmal*
Verlegt von: Verbraucher- und Vertriebsgenossenschaft „Ameise"
Kisbér und Umgebung; Nummer der Karte: 9861
Farbig, geteilt; Poststempel: Aug. 1924
Inv.-Nr.: 2597/1

**Kisújszállás (Komitat Jász-Nagykun-Szolnok)**
*154. Kisújszállás. Hotel Elisabeth*
Verlegt von: Márton Witz, Kisújszállás;
Nummer der Karte: 832, 1912/14
Koloriert, geteilt; Poststempel: 22. Sept. 1912
Inv.-Nr.: 2357/7

**KOLOZSVÁR (Komitat Kolozs)**
*155. Kolozsvár. Königin-Elisabeth-Denkmal*
Verlegt von: D. T. C. (Dr. Trenkler Co.), L.;
Nummer der Karte: 19776
Schwarz-weiß, ungeteilt; Poststempel: 26. Febr. 1906
Inv.-Nr.: 2415/4

*156. Königin-Elisabeth-Denkmal. Gruß aus Kolozsvár*
Verlegt von: K. u. k. Hoffotografen Gebrüder Dunky in Kolozsvár
Schwarz-weiß, ungeteilt; Poststempel: 13. Okt. 1902
Inv.-Nr.: 2636/1

*157. Zitadelle mit der Elisabethbrücke. Kolozsvár*
Verlegt von: Galanteriewarenhandel Emil Schuster, Kolozsvár,
Magyar Sokszorosító Műipar Rt. (Ungarische Kunstgewerbe-
Vervielfältigung AG), Budapest; Nummer der Karte: 114 – 1909
Schwarz-weiß, geteilt; ungestempelt, 1909
Inv.-Nr.: 2357/6

*158. Kolozsvár. Zitadelle mit der Elisabethbrücke*
Verlegt von: Eisenbahn-Ansichtskartenverkauf, Budapest,
Divald und Monostory, Budapest; Nummer der Karte: 46 – 1916
Koloriert, geteilt; geschrieben 1916
Inv.-Nr.: 2615/3

*159. Kolozsvár – Elisabethbrücke mit der Zitadelle*
Verlegt von: Sándor Weiszfeiler; Nummer der Karte: 2232
Koloriert, geteilt; Poststempel: 3. Mai 1916
Inv.-Nr.: 2530/8

*160. Elisabethstraße. Kolozsvár*
Verlegt von: D. K., Budapest, 1906
Braun-weiß, geteilt; ungestempelt, 1906
Inv.-Nr.: 2615/4

**KOMÁROM (Komitat Komárom)**
*161. Komárom. Elisabethbrücke*
Verlegt von: L. H. Pannonia, Komárom;
Nummer der Karte: 68.1910
Koloriert, geteilt; ungestempelt, 1910
Inv.-Nr.: 2514/1

**KOMJÁT (Komitat Nyitra)**
*162. Schloss des Barons Wodianer. Elisabethdenkmal.*
*Röm.-kath. Kirche. Gruß aus Komját*
Verleger unbekannt; Nummer der Karte: 6994
Schwarz-weiß, geteilt; Poststempel: 28. Mai 1907
Inv.-Nr.: 2451/3

**KORITNICA-FÜRDŐ (Komitat Liptó)**
*163. Koritnica-fürdő. Béla-Quelle*
Verlegt von: Ede Feitzinger, Teschen;
Nummer der Karte: 797 L. 1904/15
Koloriert, ungeteilt; Poststempel: 21. Juli 1906
Inv.-Nr.: 1765

**KOVÁSZNA (Komitat Háromszék)**
*164. Gruß aus Kovászna. Elisabethstraße*
Verlegt von: Fotograf F. Bogdán, Kézdivásárhely
(heute Târgu Secuiesc, Rumänien) und Kovászna
Schwarz-weiß, geteilt; Poststempel: 20. Aug. 1907
Inv.-Nr.: 2374/4

**KÖRÖSLADÁNY (Komitat Békés)**
*165. Gruß aus Körösladány. Königin-Elisabeth-Denkmal*
Verlegt von: Béla Czibulka, Körösladány, W. L.;
Nummer der Karte: 2043, 12176
Schwarz-weiß, geteilt; Poststempel: 24. Aug. 1908
Inv.-Nr.: 1765

**KŐSZEG (Komitat Vas)**
*166. Kőszeg. Elisabeth-Sanatorium*
Verlegt von: Buch- und Papierhandlung Jenő Róth in Kőszeg
Schwarz-weiß, geteilt; ungestempelt, um 1910
Inv.-Nr.: 2468/4

**LEPSÉNY (Komitat Veszprém)**
*167. Lepsény – Elisabethdenkmal mit der Hauptstraße*
Verlegt von: Eisenbahn-Ansichtskartenverkauf, Budapest;
Nummer der Karte: 4391
Braun-weiß, geteilt; Poststempel: 7. Nov. 1918
Inv.-Nr.: 1514

**MAKÓ (Komitat Csanád)**
*168. Makó. Elisabeth-Waisenhaus*
Verlegt von: K. J., Budapest; Nummer der Karte: 15, 1919/23
Koloriert, geteilt; ungestempelt, 1919–1923
Inv.-Nr.: 2549/4

**MAROSVÁSÁRHELY (Komitat Maros-Torda)**
*169. Marosvásárhely – Turbine am Elisabethhain*
Verlegt von: Sándor Porjes S., Marosvásárhely;
Nummer der Karte: 2370
Schwarz-weiß, geteilt; Poststempel: 28. März 1917
Inv.-Nr.: 2563

**MÁRAMAROSSZIGET (Komitat Máramaros)**
*170. Elisabethbad. Máramarossziget*
Verlegt von: Ábr. Kaufmann und Söhne, Károly Divald, Budapest
Schwarz-weiß, geteilt; Poststempel: 12. Dez. 1914
Inv.-Nr.: 2593/3

*171. Máramarossziget. Elisabeth-Hauptplatz*
Verlegt von: K. J., Budapest; Nummer der Karte: 6075, 1916/20 Bc.
Koloriert, geteilt; ungestempelt, 1916–1920
Inv.-Nr.: 2438

**MÁRIAVÖLGY (Komitat Pozsony)**
*172. Elisabethdenkmal. Gruß aus Máriavölgy*
Verleger unbekannt
Schwarz-weiß, geteilt; ungestempelt, um 1905
Inv.-Nr.: 1765

**MISKOLC (Komitat Borsod)**
*173. Elisabethdenkmal. Miskolc*
Verlegt von: M. Vadász, Aufnahme der Hoffotografen
Gebrüder Dunky
Schwarz-weiß, ungeteilt; Poststempel: 2. Mai 1909
Inv.-Nr.: 2611/2

*174. Miskolc. Detail des Volksgartens.*
*Königin-Elisabeth-Denkmal*
Verleger unbekannt; Nummer der Karte: 3703
Schwarz-weiß, geteilt; geschrieben am 29. Mai 1915
Inv.-Nr.: 2342/4

*175. Miskolc. Volksgarten mit dem Elisabethdenkmal*
Verlegt von: J. Barasits, Budapest, Aufnahme
von Lenke N. Móriczné; Nummer der Karte: 19
Schwarz-weiß, geteilt; Poststempel: 10. Nov. 1923
Inv.-Nr.: 1765

*176. Miskolc. Elisabethplatz mit dem Kossuth-Denkmal*
Verlegt von: Fotoatelier „Margit", Budapest – Lillafüred,
Aufnahme von Jenő Márton
Schwarz-weiß, geteilt; Poststempel: 25. Mai 1950
Inv.-Nr.: 2272

*177. Miskolc. Öffentliches Elisabethkrankenhaus*
Verlegt von: Ignac Grünwald, Miskolc;
Nummer der Karte: 110, 1916/20
Koloriert, geteilt; geschrieben am 28. Mai 1919
Inv.-Nr.: 2263

**MÓR (Komitat Fejér)**
*178. Mór – Elisabethplatz*
Verlegt von: István Wiesner, Mór
Schwarz-weiß, geteilt; Poststempel: 7. Juli 1911
Inv.-Nr.: 2530/13

**NAGYBECSKEREK (Komitat Torontál)**
*179. Nagybecskerek. Elisabethbrücke*
Verlegt von: P. D. N. B.
Koloriert, geteilt; Poststempel: 22. 3. 1921
Inv.-Nr.: 2514/4

**NAGYKANIZSA (Komitat Zala)**
*180. Nagykanizsa. Königin-Elisabeth-Platz*
Verleger unbekannt; Nummer der Karte: 1720
Koloriert, geteilt; Poststempel: 23. Sept. 1918
Inv.-Nr.: 2514/2

**NAGYKÁROLYFALVA (Komitat Temes)**
*181. Nagykárolyfalva. Elisabethhain*
Verleger unbekannt; Nummer der Karte: 1284
Koloriert, geteilt; Poststempel: 20. Juni 1913
Inv.-Nr.: 2530/10

**NAGYSZOMBAT (Komitat Pozsony)**
*182. Elisabethhain. Nagyszombat*
Verlegt von: Buchdruckerei Haas Pannonia, Károly Divald, Budapest
Schwarz-weiß, geteilt; Poststempel: 3. Nov. 1910
Inv.-Nr.: 2530/9

**NÉMETBÓLY (Komitat Baranya)**
*183. Németbóly. Hotel Königin Elisabeth*
Verlegt von: Karinger, Budapest
Blau-weiß, geteilt; Poststempel: 6. Juli 1929
Inv.-Nr.: 2468/6

**NYIRÁD (Komitat Zala)**
*184. Gastwirt und Kaufmann Jenő Szabó. Nyirád. Königin-Elisabeth-Denkmal*
Verlegt von: Kaukál, Budapest
Schwarz-weiß, geteilt; geschrieben am 7.–9. Sept. 1927
Inv.-Nr.: 1765

**OROSHÁZA (Komitat Békés)**
*185. Orosháza – Königin-Elisabeth-Straße*
Verlegt von: N. Pless, Orosháza, Aufnahme von Anna Illiás; Nummer der Karte: 12013
Koloriert, geteilt; Poststempel: 18. Sept. 1916
Inv.-Nr.: 2342/5

**ÖRKÉNY (Komitat Pest-Pilis-Solt-Kiskun)**
*186. Königin-Elisabeth-Denkmal. Lager Örkény*
Verlegt von: Magyar Sokszorosító Műipar Rt. (Ungarische Kunstgewerbe-Vervielfältigung AG), Budapest
Schwarz-weiß, geteilt; Poststempel: 3. Apr. 1910
Inv.-Nr.: 1339/39

*187. Gruß aus dem Lager Örkény. Elisabethdenkmal*
Verlegt von: Magyar Fénynyomdai Részv.-Társ. (Ungarische Lichtdruckerei AG Budapest); Nummer der Karte: 310
Schwarz-weiß, geteilt; Poststempel: 14. Dez. 1910
Inv.-Nr.: 1765

**PAKS (Komitat Tolna)**
*188. Gruß aus Paks. Elisabeth-Promenade*
Verlegt von: Hajman Wiener; Nummer der Karte: 16232
Schwarz-weiß, geteilt; geschrieben um 1910
Inv.-Nr.: 2590/2

*189. Paks. Sankt-Stephans-Platz*
Verlegt von: Buchdruckerei und Papierhandel Ignácz Rosenbaum; Nummer der Karte: 6231
Blau-weiß, geteilt; Poststempel: 11. März 1926
Inv.-Nr.: 2715/3

**PARAJD (Komitat Udvarhely)**
*190. Gruß aus Parajd – Elisabethstollen*
Verlegt von: Izsák Stein, Parajd; Nummer der Karte: 421
Koloriert, geteilt; Poststempel: 27. Juli 1913
Inv.-Nr.: 2450

**PARÁDFÜRDŐ (Komitat Heves)**
*191. Parádfürdő. Hotel Elisabeth*
Aufnahme von J. Knöpfmacher, Budapest
Koloriert, geteilt; Poststempel unleserlich, um 1920
Inv.-Nr.: 2701/3

*192. Parádfürdő. Oberer Eingang des Hotels Elisabeth*
Verlegt von: Divald; Nummer der Karte: 7
Schwarz-weiß, geteilt; ungestempelt, um 1920
Inv.-Nr.: 2468/7

**PEREDMÉR (Komitat Trencsén)**
*193. Peredmér. Elisabethhain*
Verlegt von: Verbraucher- und Vertriebsgenossenschaft Peredmér, Divald und Monostory, Budapest
Schwarz-weiß, geteilt; ungestempelt, um 1915
Inv.-Nr.: 2593/1

**PÉCS (Komitat Baranya)**
*194. Gruß aus Pécs. Triumphtor an der Elisabeth-Promenade*
Verlegt von: Buch- und Musikalienhandlung Ferencz Fischer
Schwarz-weiß, ungeteilt; Poststempel: 8. Okt. 1901
Inv.-Nr.: 2468/8

*195. Das Elisabethdenkmal in der Franz-Joseph-Kaserne in Pécs*
Verlegt von: Wessely und Horváth in Pécs, Aufnahme von Hugó Zoltán
Schwarz-weiß, ungeteilt; Poststempel: 31. Mai 1906
Inv.-Nr.: 1765

*196. Pécs. Erzherzog-Friedrich-Kaserne. Elisabethdenkmal*
Verleger unbekannt; Nummer der Karte: 66
Schwarz-weiß, geteilt; Poststempel: 23. Juli 1914
Inv.-Nr.: 2555/2

*197. Pécs. Zentralgebäude der Königlich-Ungarischen Elisabeth-Universität*
Verlegt von: György Monostory; Nummer der Karte: 52
Schwarz-weiß, ungeteilt; ungestempelt, 1926
Inv.-Nr.: 2374/3

**PÉLMONOSTOR (Komitat Baranya)**
*198. Erzherzögliche Meierei. Elisabeth-Dampfmühle. Wartesaal für Angehörige des Hochadels am Bahnhof Pélmonostor. Pélmonostor*
Verlegt von: József Bleyer, Anfertigung von Foto- und Ansichtskarten, Pásztó
Schwarz-weiß, geteilt; Poststempel: 3. Juli 1913
Inv.-Nr.: 2590/4

**PÖSTYÉN (Komitat Nyitra)**
*199. Pöstyén. Königin-Elisabeth-Denkmal*
Verlegt von: A. Bernas, Pistyan
Schwarz-weiß, gerahmt, ungeteilt; Poststempel unleserlich, um 1900
Inv.-Nr.: 1765

*200. Gruß aus Pöstyén. Detail des Parks*
Verlegt von: H. Gipsz; Nummer der Karte: 92
Koloriert, geteilt; Poststempel: 25. Juni 1907
Inv.-Nr.: 1765

*201. Pöstyén. Königin-Elisabeth-Denkmal*
Verlegt von: Stengel & Co. G. m. b. H., Dresden;
Nummer der Karte: 36575, 1907
Schwarz-weiß, geteilt; Poststempel: 22. Mai 1908
Inv.-Nr.: 1765

**PÜSPÖKFÜRDŐ (Komitat Bihar)**
*202. Püspökfürdő. Hotel Elisabeth*
Verlegt von: Kaufhaus Ruttner und Füzy, Püspökfürdő;
Nummer der Karte: 5839
Schwarz-weiß, geteilt; ungestempelt, um 1915
Inv.-Nr.: 2374/2

**RIMASZOMBAT (Komitat Gömör und Kis-Hont)**
*203. Rimaszombat – Detail des Elisabethplatzes*
Verlegt von: Izsó Lévai, Rimaszombat;
Nummer der Karte: 4533
Koloriert, geteilt; Poststempel: 1916
Inv.-Nr.: 2530/3

*204. Rimaszombat. Detail des Elisabethplatzes*
Verleger unbekannt
Schwarz-weiß, geteilt; ungestempelt, um 1910
Inv.-Nr.: 2530/4

**SELMECBÁNYA (Komitat Hont)**
*205. Selmecbánya. Elisabethdenkmal & auf dem Kisiblye-Hügel*
Verlegt von: Joerges, 1912
Schwarz-weiß, geteilt; Poststempel: 20. Dez. 1917
Inv.-Nr.: 1765

**SOPRON (Komitat Sopron)**
*206. Sopron. Elisabethgarten*
Verlegt von: Daniel Piri, Sopron;
Nummer der Karte: 661
Koloriert, geteilt; Poststempel: 9. Juli 1915
Inv.-Nr.: 2590/3

*207. Sopron, Detail des Elisabethgartens*
Verlegt von: Nátán Blum und Sohn,
Papierwarengroßhandel, Sopron
Koloriert, geteilt; Poststempel: 12. Juli 1914
Inv.-Nr.: 2514/3

*208. Sopron – Elisabethgarten*
Verlegt von: Fotoatelier Harald Lobenwein, Sopron
Schwarz-weiß, geteilt; Poststempel: 28. Dez. 1929
Inv.-Nr.: 2415/5

*209. Sopron. Detail des Elisabethgartens*
Verlegt von: Gottfried Monsberger, Sopron;
Nummer der Karte: 8647
Schwarz-weiß, geteilt; geschrieben am 15. Dez. 1951
Inv.-Nr.: 2357/4

*210. Sopron. Elisabethstraße*
Verlegt von: Nathan Blum, Oedenburg;
Nummer der Karte: 6950 b
Schwarz-weiß, ungeteilt; Poststempel: 3. Febr. 1900
Inv.-Nr.: 2241/1

*211. Sopron – Elisabethstraße*
Verlegt von: Dániel Piri, Sopron; Nummer der Karte: 780
Koloriert, geteilt; Poststempel: 20. Sept. 1921
Inv.-Nr.: 2334/5

**SZABADKA (Komitat Bács-Bodrog)**
*212. Millenniumpark, Königin-Elisabeth-Denkmal. Szabadka*
Verleger unbekannt; Nummer der Karte: 690
Koloriert, geteilt; Poststempel: 13. Juli 1918
Inv.-Nr.: 897

**SZAMOSÚJVÁR (Komitat Szolnok-Doboka)**
*213. Gruß aus Szamosújvár. Elisabethpark*
Verlegt von: Buch- und Papierhandlung Endre Todorán
Schwarz-weiß, geteilt; ungestempelt, um 1910
Inv.-Nr.: 2468/10

**SZEGED (Komitat Csongrád)**
*214. Szeged. Königin-Elisabeth-Denkmal*
Verlegt von: Sándor Árvay jun., Szeged; Nummer der Karte: 9087
Schwarz-weiß, geteilt; geschrieben am 23. Dez. 1907
Inv.-Nr.: 682

*215. Szeged. Königin-Elisabeth-Denkmal*
Verlegt von: Herman Grünwald, Szeged; Nummer der Karte: 625
Schwarz-weiß, geteilt; Poststempel: 26. Dez. 1908
Inv.-Nr.: 2636/2

*216. Szeged. Stefánia-Promenade mit dem Königin-Elisabeth-Denkmal*
Verlegt von: L. & P.; Nummer der Karte: 2403, 173772
Koloriert, geteilt; Poststempel unleserlich, um 1910
Inv.-Nr.: 497

*217. Elisabethdenkmal. Gruß aus Szeged*
Verlegt von: B. Traub und Co., Szeged
Braun-weiße Grafik, geteilt; ungestempelt, um 1910
Inv.-Nr.: 2669/1

**SZOMBATHELY (Komitat Vas)**
*218. Szombathely. Königin-Elisabeth-Straße*
Verlegt von: Izidor Hermann, Győr; Nummer der Karte: 417
Schwarz-weiß, geteilt; Poststempel: 9. Okt. 1913
Inv.-Nr.: 2374/1

*219. Szombathely. Königin-Elisabeth-Straße*
Verlegt von: H. M. Sz.
Koloriert, geteilt; Poststempel: 12. Febr. 1919
Inv.-Nr.: 2555/4

*220. Szombathely. Königin-Elisabeth-Straße mit der Dreifaltigkeitsstatue*
Verlegt von: V. K. N. Sz., Barasits, Budapest;
Nummer der Karte: 3
Schwarz-weiß, geteilt; ungestempelt, um 1920
Inv.-Nr.: 2263

**TOKAJ (Komitat Zemplén)**
*221. Ansicht von Tokaj*
Verlegt von: Sándor Heller, Tokaj;
Nummer der Karte: 5106
Schwarz-weiß, geteilt; Poststempel: 4. Juli 1924
Inv.-Nr.: 2357/2

*222. Tokaj. Theißbrücke „Elisabeth"*
Verlegt von: Sándor Heller, Tokaj; Nummer der Karte: 169
Koloriert, geteilt; Poststempel: 6. Juli 1927
Inv.-Nr.: 2357/3

*223. Tokaj. Königin-Elisabeth-Straße*
Verlegt von: Eisenbahn-Ansichtskartenverkauf, Budapest;
Nummer der Karte: 6981
Schwarz-weiß, geteilt; geschrieben am 11. Juni 1932
Inv.-Nr.: 2468/11

**TRENCSÉN (Komitat Trencsén)**
*224. Hotel Elisabeth. Trencsén*
Verlegt von: Náthán Weisz, Trencsén, Magyar Sokszorosító Műipar Rt. (Ungarische Kunstgewerbe-Vervielfältigung AG), Budapest
Koloriert, geteilt; Poststempel: 20. Mai 1911
Inv.-Nr.: 2496/2

*225. Trencsén. Hotel Elisabeth*
Verleger unbekannt; Nummer der Karte: 758
Schwarz-weiß, geteilt; ungestempelt, 1910er Jahre
Inv.-Nr.: 2267

*226. Trencsén. Hotel Elisabeth*
Verlegt von: Eisenbahn-Ansichtskartenverkauf, Budapest, Divald und Monostory, Budapest; Nummer der Karte: 31 – 1917
Koloriert, geteilt; ungestempelt, 1917
Inv.-Nr.: 2555/7

**TRENCSÉNTEPLIC (Komitat Trencsén)**
*227. Trencsénteplic-fürdő (Bad Trencsénteplic). Weg zur Elisabeth-Promenade*
Verlegt von: Zsigmond Wertheim, Trencsénteplic-fürdő;
Nummer der Karte: 240
Schwarz-weiß, geteilt; ungestempelt, um 1910
Inv.-Nr.: 2530/12

**ÚJVERBÁSZ (Komitat Bács-Bodrog)**
*228. Újverbász. Elisabethhain*
Verlegt von: Nándor Seidl und Sohn;
Nummer der Karte: 726
Koloriert, geteilt; Poststempel: 7. Jan. 1909
Inv.-Nr.: 2468/12

**ÚJVIDÉK (Komitat Bács-Bodrog)**
*229. Újvidék. Elisabethplatz*
Verlegt von: M. J.; Nummer der Karte: 153
Koloriert, geteilt; Poststempel: 21. Juli 1914
Inv.-Nr.: 2590/5

*230. Újvidék von der Elisabethinsel aus*
Verlegt von: Ignácz Urbán, Újvidék. Ansichtskartenverkauf der Ungarischen Staatsbahnen
Schwarz-weiß, geteilt; Poststempel: 4. Sept. 1914
Inv.-Nr.: 2530/7

**UNGVÁR (Komitat Ung)**
*231. Ungvár. Brücke über den Kleinen Usch*
Verlegt von: Buchverlag Gyula Földesi, Ungvár;
Nummer der Karte: 22504
Schwarz-weiß, geteilt; Poststempel: 11. Apr. 1911
Inv.-Nr.: 2468/13

**VESZPRÉM (Komitat Veszprém)**
*232. Haus des Obergespans mit dem Elisabethdenkmal. Veszprém*
Verlegt von: Sohn von Á. Krausz, Veszprém
Schwarz-weiß, ungeteilt; Poststempel: 28. Apr. 1906
Inv.-Nr.: 2555/3

*233. Veszprém. Elisabethhain*
Verlegt von: Endre Pósa, Veszprém
Koloriert, geteilt; geschrieben um 1910
Inv.-Nr.: 1765

**ZIRC (Komitat Veszprém)**
*234. Gruß aus Zirc. Elisabeth-Krankenhaus*
Verlegt von: W. L.; Nummer der Karte: 2794
Schwarz-weiß, geteilt; gesammelt 1908
Inv.-Nr.: 2741/1

**ZOMBOR (Komitat Bács-Bodrog)**
*235. Zombor – Elisabethhain*
Verlegt von: Emil Kaufmann, Zombor;
Nummer der Karte: 8270
Schwarz-weiß, geteilt; ungestempelt, um 1910
Inv.-Nr.: 2715/4

# ANSICHTSKARTEN UND BILDER AUF DEN SEITEN 3 BIS 15

**Seite 3**
*Königin Elisabeth im Krönungsornat*
Schwarz-weiß, geteilt; ungestempelt, nach 1904
Museum im Königlichen Schloss Gödöllő,
Ansichtskartensammlung
Inv.-Nr.: 1765

**Seite 7**
*Die Krönung Franz Josephs und Königin Elisabeths in der Matthiaskirche am 8. Juni 1867*
Von Jenő Doby nach einem Gemälde von Eduard von Engerth
Lithografie. Ungarisches Nationalmuseum, Budapest

**Seite 8**
*Königin Elisabeth im Jahre 1867*
Ölgemälde von Sándor Wagner
Ungarisches Nationalmuseum, Budapest

**Seite 9**
*Königin Elisabeth zu Pferde*
Aufnahme des Gemäldes von F. Adam von Franz Hanfstaengl
Ungarisches Nationalmuseum, Budapest

**Seite 9**
*Königin Elisabeth und Erzherzogin Gisela am Gerbeaud-Pavillon im Stadtwald*
Ölgemälde von Lajos Márk, 1900
Ungarisches Nationalmuseum, Budapest

**Seite 10**
*Das Königin-Elisabeth-Denkmal in Gödöllő*
Verlegt von: B. A., Budapest
Schwarz-weiß, geteilt; Poststempel: 26. März 1912
Museum im Königlichen Schloss Gödöllő,
Ansichtskartensammlung
Inv.-Nr.: 1514

**Seite 15**
*„Gruß aus Gödöllő"*
Verlegt von: Károly Divald, Budapest;
Nummer der Karte: 228
Koloriert, ungeteilt; Poststempel: 18. Febr. 1899
Museum im Königlichen Schloss Gödöllő,
Ansichtskartensammlung
Inv.-Nr.: 825

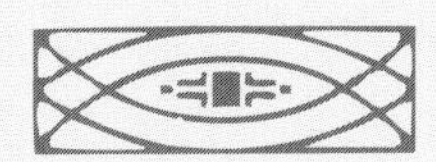

# BIBLIOGRAFIE

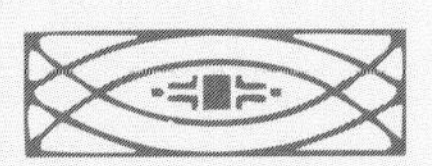

*100 éves a komáromi Erzsébet-híd 1892–1992.* Komárom, 1992.

*A budapesti Erzsébethíd építésének befejező munkálatai.* Zsigmondy Béla fénykép felvételei. Fénynyomatok Divald Károly műintézetéből. Bp., 1903.

A földmívelésügyi m. kir. minister kiadványai. 18. szám. *Erzsébet királyné emlékfái.* Bp., 1899.

*A Magyar Királyi Állami Erzsébet-Nőiskola Iskolai és internátusi tájékoztatója.* Bp., 1941.

*A régi Magyarország képeslapokon.* Bp., 2003.

*A történelmi Magyarország atlasza és adattára, 1914.* III. kiad., Pécs, 2005.

Ádám Éva–Balogh Attila: *Kisbér 1277–1977.* Kisbér, 1977.

*Arad és Vidéke nagy képes naptára 1912. évre.* Kiadja: Arad és Vidéke politikai, társadalmi és közgazdasági napilap. Arad, 1912.

Ávedik Lukács: *Szabadkirályi Erzsébetváros monográfiája.* 1896.

*Az Erzsébet Nőiskola volt Növendékei Egyesületének Emlékkönyve.* Bp., 1997.

*Az Osztrák–Magyar Monarchia írásban és képben.* Magyarország I–VII. köt. Bp., 1888–1901.

B. Horváth Csilla–Csonka Károly: *Pécs egykor és ma.* Pécs, é. n.

Balázs Károly (összeáll.): *Elpusztított emlékműveink. Az utódállamokban elpusztult vagy megrongált emlékműveink és szobraink képeslapokon.* Bp., 1996.

Balla Vilmos: *A kávéforrás. Régi pesti kávéházak legendái. Multszázadbeli lokáltulajdonosok, törzsvendégek és egyéb hires alakok a márványasztal körül. Nevezetesebb históriák a ködbesüllyedt időkből. Elfeledett pesti furcsaságok; eltűnt furcsa pestiek.* Bp., 1927.

Balogh Sándor (főszerk.): *Balassagyarmat története.* Balassagyarmat, 1977.

Balogh Vilmos–Toldy Ferenc–Gelléri Mór (szerk.): *Kiállítási kalauz.* III. kiad., Bp., 1885.

Bándi László (felelős szerk.): *Történeti emlékek Veszprém megyében.* Veszprém, 1981.

Barbarits Lajos (szerk.): *Nagykanizsa.* Magyar Városok Monográfiája. Bp., 1929.

Barna János (szerk.): *Makó és Csanád-Torontál vármegyei községek.* Magyar Városok Monográfiája. Bp., 1929.

Basics Beatrix: *Erzsébet királyné a képzőművészetben.* In: Rácz Árpád: Erzsébet a magyarok királynéja. 126–131. p.

Becherer Károly és Kovács András: *Üdvözlet Bajáról régi képeslapokon.* Baja, 1996.

Beck Béla (szerk.): *A fővárosi fürdők 75 éve.* h. n., 1987.

Bereczk Sándor (összeáll.): *Kaposvár rendezett tanácsú város története és fejlődése.* Bp., 1925.

Bevilaqua Borsody Béla–Mazsáry Béla: *Pest-Budai kávéházak 1534–1935.* Bp., 1935.

*Boldog Békeidők.* Képes levelezőlapok 1890–1914. A képaláírásokat és az utószót írta: Gyökér István. Bp., 2004.

Bolemann István: *A Balaton tudományos tanulmányozásának eredményei.* A Balatonparti fürdők és üdülőhelyek leírása. Budapest. 1900.

Bontz József: *Keszthely város monográfiája.* Keszthely, 1896.

Borbás György: *A Millennium szobrásza. Zala György 1858–1937.* Bp., 1999.

Borbíró Virgil–Valló István: *Győr város építéstörténete.* Bp., 1956.

Boros János: *Aradi útmutató.* Arad, 1909.

Borostyáni Nándor (szerk.): *Arad és Vidéke politikai, társadalmi és közgazdasági napilap.* 1897., 1898. évi számai, Arad.

Borovszky Samu: *Magyarország vármegyéi és városai.* PC CD-ROM, Arcanum Kft.

Bruck Jakab: *Erzsébet-sósfürdő Budapesten és keserűvíz forrásai természettudományi és orvosi szempontból.* II. kiad,, 1896.

Budahegyi Pauer János: *Adatok a Szent Gellérthegy multjából.* Bp., 1943.

Budáné Juhász Katalin: *Utak, utcák, terek és épületek Erzsébetvárosban.* Bp., 2004.

*Budapest köztéri szobrai 1692–1945.* Budapest Galéria kiállítási katalógusa. Bp., 1987.

*Budapest Lexikon A–K.* Bp., 1993.

*Budapest Lexikon L–Z.* Bp., 1993.

Buza Péter: *Palotai tegnapok.* Bp., 1995.

Cennerné Wilhelmb Gizella dr. (szerk.): *Erzsébet a magyarok királynéja. Kiállítás az Osztrák Kultúra Múzeumában.* Kiállítási katalógus. Wien-Köln-Weimar, 1991.

Coombes, Allen J.: *Fák.* Határozó Kézikönyvek. Bp., 1995.

Czoma László (szerk.): *Tanulmányok Rákospalota-Pestújhely történetéből.* Bp., 1974.

Csányi Károly: *Győr műemlékei.* Kézirat. 1954.

Csepreghy András–Csepreghy Henrik: *Dicsőszentmárton régi arca. A hajdani Dicsőszentmárton régi képeslapokon.* Marosvásárhely, 2005.

Csepreghy András–Csepreghy Henrik: *Üdvözlet Marosvásárhelyről.* Marosvásárhely, 2002.

Cserey Zoltán–József Álmos: *Fürdőélet Háromszéken.* Sepsiszentgyörgy, 1995.

Csiffáry Gabriella: *Régi magyar fürdővilág.* Bp., 2004.

Csongrádi Kornél: *Krónikák Rákospalotáról.* Újpest, 1904.

Dancs István (szerk.): *Erzsébetváros 125 éve.* Bp., 1977.

Dávid József (szerk.): *Székelyföld írásban és képben.* Bp., 1941.

Dobrossy István (szerk.): *Miskolc írásban és képekben. 1.* Miskolc, é. n.

Dobrossy István–Stehlik Ágnes (szerk.): *Miskolc írásban és képekben.* Miskolc, 1994.

*Dunaföldvár története az őskortól napjainkig.* Dunaföldvár, 2002.

Dvorzsák Lajos (szerk.): *Nagyvárad és Biharmegye utmutatója.* Nagyvárad, 1941.

*Erzsébet a magyarok királynéja.* Rubicon Könyvek, Bp., 2001.

*Erzsébet királyné emlékfái 1899.* A földmivelésügyi m. kir. minister kiadványai. 18. szám. Bp., 1899.

*Erzsébet-Füzetek 1., 2., 3., 4.,* Sisi Baráti Kör, 1995., 1996., 1997.

*Erzsébet-kórház, 1884–87.* Bp., 1888.

Eszes László: *Feledésbe ment utcanevek Keszthelyen.* Keszthely, 1985.

F. dr. Dózsa Katalin (szerk.): *A Budai Királyi Palota évszázadai.* Bp., 2000.

Fábián János: *Mátyás-templom.* Bp., 1995.

Faludi Ildikó: *A gödöllői kastély.* Gödöllői Királyi Kastélymúzeum, 1998.

Faludi Ildikó: *Gödöllői kalauz.* Városi Múzeum, Gödöllő, 1995.

Farkas György: *A Hamvay-kúriától a Helytörténeti Gyűjteményig (1662–1982).* Gödöllő, 1994.

Farkas Zsuzsanna: *Erzsébet királyné emlékhelyei Magyarországon.* Kézirat. 1998. Gödöllői Királyi Kastélymúzeum Erzsébet királyné emlékkonferenciáján elhangzott előadás, 1998.

Fodor András: *Kolozsvári Képeskönyv.* Kolozsvár, 2002.

Földes Sándor: *Pöstyénfürdő és környékének képes kalauza.* 1908.

Fuchs Endre (szerk.): *Kőszeg ismertetése.* Szombathely, 1932.

Füredi János (szerk.): *Nagykanizsa r. t város Lak- és Címjegyzéke.* 1907.

Gaspar Pál (szerk.): *A Nagyszombati Hetilap naptára.* Nagyszombat, 1918.

Gerle János (szerk.): *Hauszmann Alajos.* Az építészet mesterei sorozat. Bp., 2002.

Gerle János–Marótzy Kata (szerk.): *Ybl Miklós.* Az építészet mesterei sorozat. Bp., 2002.

Gerő András: *Képzelt történelem. Fejezetek a magyar szimbolikus politika XIX–XX. századi történetéből.* Bp., 2004.

Göncz József–Bognár Béla: *Sopron. A vármegyeszékhely képeslapokon 1896–1918.* Sopron, 2003.

Gundel Imre–Harmath Judit: *A vendéglátás emlékei.* Bp., 1979.

György Péter: *Az emlékezet szétesése – az olvashatatlan város. 2000* (folyóirat), 206. 10. szám.

Hauszmann Alajos: *A magyar királyi vár.* Bp., é. n.

*Hauszmann Alajos naplója. Építész a századfordulón.* Bp., 1997.

Herbst József: *Erzsébet királyné szobrának leleplezési ünnepe.* Kézirat. Bp., 1901.

Herman Rosner–ifj. Benedek Géza: *Kovászna Útikalauz.* Bucuresti, 1980.

Hevesi Lajos: *Budapest és környéke.* Bp., 1873.

Hoitsy Pál (szerk.): *Vasárnapi Ujság 1905. II.–1908.* Bp., 1905–1908.

Iglódi István (összeáll., szerk.): *Adony millenniumi képeskönyve.* Adony, 2000.

Jalsovszky Katalin–Tomsics Emőke: *A Tegnap világa. Magyarországi városok a századfordulón írásban és képben.* Bp., 1992.

Jenei Ferenc–Koppány Tibor: *Győr.* Bp., 1964.

Kanyar József (szerk.): *Kaposvár Várostörténeti tanulmányok.* In: Kanyar József: *A dél-balatoni fürdőkultúra kialakulásának történelmi korszakai.* Kaposvár, 1975.

Kanyaró Géza: *Ki hol lakik?* Bp., é. n.

Keleti Károly (szerk.): *Hivatalos jelentés a Budapesti 1885-iki Országos Általános Kiállításról. I–IV. kötet.* Bp., 1886.

*Kisújszállás története III.* Kisújszállás, 1986.

Kmetty Kálmán: *Balassagyarmati utcanevek.* Balassagyarmat, 1980.

Kollin Ferenc (szöveget írta, képeket válogatta): *Budapesti Üdvözlet.* Bp., 1983.

*Korytnica, felső-magyarországi gyógyfürdő rövid ismertetése.* Pest, 1868.

Kósa László: *Fürdőélet a Monarchiában.* Bp., 1999.

*Kossuth Múzeumhajó katalógusa.* A Közlekedési Múzeum kiadványa, Bp., é. n.

Körmendy-Ékes Lajos: *Az 50 éves Mátyásföld.* Bp., 1938.

Kovács Ákos (szerk.): *Monumentumok az első világháborúból.* Budapest, 1991.

Krassay László (szerk.): *Emlékülés a gödöllői Erzsébet-park alapításának 100. évfordulóján.* Gödöllő, 1998.

Krizsán László (szerk.): *Földvári képes krónikáskönyv. Egy Dunamenti település életrajza okmányokban és képekben.* Dunaföldvár, 1989.

Kuszkó József: *Erzsébet királyné kolozsvári emlékei.* Kolozsvár, 1903.

La Rosée, Erzsébet: *Budapest katolikus templomai.* Bp., 1938.

Laczkó András (szerk.): *Boglárlelle.* Tanulmányok. 1988.

Lichtneckert András (szerk.): *Balatonfüred és Balatonarács története.* Veszprém, 1999.

Lipták Gábor–Zákonyi Ferenc: *Balatonfüred város.* Balatonfüred, 1971.

*Lőcsei kalauz* (írta: két Cipszer). Lőcse, 1910.

M. Takács Marianna: *A Budavári Mátyás-templom.* Bp., 1940.

*Magyarország gyógyfürdői és üdülőhelyei.* Bp., 1962.

*Magyarországi szállodák, vendéglők és kávéházak címtára.* Bp., 1914.

Majtényi György–Szatucsek Zoltán: *Erzsébet kilátó.* Hegyvidéki Históriák sorozat. Bp., 2001.

Márki Sándor: *Erzsébet Magyarország királynéja (1867–1898).* Bp., 1899.

Markó Miklós: *Magyarország elszakított országrészei műemlékeinek és szobrainak pusztulása. Ország–Világ,* 1922. 9. 99–105.

Mátéffy Balázs: *Élő kövek. Az ismeretlen Mátyás-templom.* Bp., 2003.

Medreczky Andor: *Budapest régi fürdői.* Bp., 1942.

Merza Péter (szerk.): *Erzsébet királyné hídja. A tokaji Tisza-híd története.* Tokaj, 1997.

Mesterházy Jenő: *A budai királyi palota hajdan és most.* Bp., 1929.

Mészáros Balázs: *A gőzhajózás hőskorának tanúja.* In: *Szalon,* 2000. június–július

Mikulich Károly (szerk.): *Budapesti kalauz. Budapest történetének, nevezetességeinek, emlékeinek és kirándulóhelyeinek rövid ismertetése.* Bp., 1935.

Mirkva János: *Lőcse sz. kir. város kalauza és műtörténeti emlékei. Útmutató turisták részére.* Lőcse, 1909.

*Miskolc története IV/2.*, Miskolc, 2003.

Molnár Géza (szerk.): *A 100 éves Kispest.* Bp., 1972.

Mudrony Soma: *Az 1885. évi Budapesti Országos Kiállítás katalógusa.* Bp., 1885.

Nagy Miklós (szerk.): *Vasárnapi Ujság 1897–1905. I. számai.* Bp., 1897–1905.

Németh Ferenc–Biró János (szerk.): *Nagyváradi útmutató.* Nagyvárad, 1901.

Németh Imre: *Paks település- és gazdaságföldrajza.* Paks, 1940.

Nyiry Lajos (szerk.): *Gödöllő és Vidéke újság számai 1898, 1901.* Gödöllő, 1898., 1901.

Odrobenyák János: *Gödöllő hajdan és most.* Gödöllő, 1875.

Olay Ferenc: *A magyar emlékművek és a magyar művészet sorsa az elszakított területeken.* Budapesti Szemle, 1930. 348–385.

Orbánné Horváth Mária: *Emlékművek, emléktáblák Győri kislexikona.* Győr, 2001.

Orbánné Horváth Mária: *Emlékművek, emléktáblák Győri kislexikona. II. bőv. kiad.* Győr, 2006.

Ormay József: *Korytnicza Gyógy- és fürdőhely.* é. n.

Országh Oszkár: *Az Erzsébet királyné Sanatórium 25 éves története 1901–1926.*, Bp., 1926.

Pál-Antal Sándor: *A marosvásárhelyi utcák, közök és terek történeti névtára.* Marosvásárhely, 1997.

*Paks nagyközség monográfiája.* Paks, 1976.

Pásztor Lajos: *A máriavölgyi kegyhely a XVI–XVIII. században.* Bp., 1943.

Pávai Gyula (szerk.): *Ficzay Dénes: Válogatott írások (séták, rejtélyek, utcanevek és mások).* Arad, 2005.

Pechány Adolf: *Kalauz a Vágvölgyében (Lucski, Korytnicza, Pöstyén, Rajeczi-fürdő, Stubnya, Trencsén-Teplitz és Büdöskő fürdők ismertetése).* Bp., 1888.

*Pécs. Tájékoztató a város nevezetességeiről.* Pécs, é. n.

*Pécs sz. kir. város közönségének emlékirata a pécsi m. kir. Erzsébet tudományegyetem továbbfejlesztéséről.* Pécs, 1929.

Petercsák Tivadar: *A képes levelezőlap története.* Miskolc, 1994.

Pető Mária: *A Gellérthegy története az őskortól napjainkig.* Bp., 1997.

Polány István: *Vezető Kőszeg sz. kir. város nyaralóhelyen.* 1927.

Polónyi Péter (szerk.): *Városi Helytörténeti Gyűjtemény Kiállítása Erzsébet királyné születésének 150. évfordulójára.* Kiállítási Katalógus. Gödöllő, 1987.

Prakfalvi Endre: *Római katolikus templomok az egyesített fővárosban.* Bp., 2003.

Preysz Kornél: *Hazai sósfürdők.* Bp., é. n.

Puskel Péter: *Arad marad.* Arad, 1997.

Rácz Árpád: *Erzsébet a magyarok királynéja.* Bp., 2001.

Ráday Mihály (szerk.): *Budapest teljes utcanévlexikona.* Bp., 2004.

Rajna György: *Budapest köztéri szobrainak katalógusa.* Bp., 1989.

Rapcsányi Jakab (szerk.): *Baja és Bács-Bodrog Vármegye községei.* Magyar Városok Monográfiája. Bp., 1934.

Récsei Ede: *Erzsébet királyné turistaútjai.* Bp., 1904.

Rigler Gusztáv: *Erdély nevesebb fürdői 1902-ben.* Tanulmány.

Ripka Ferenc: *Erzsébet királyné Gödöllőn 1867–1897.* Emlékkönyv a Gödöllői Erzsébet szobor leleplezési ünnepére. Bp., 1901.

Ripka Ferenc: *Gödöllő, a királyi család otthona,* 1896. Reprint kiadás. Gödöllői Városi Múzeum, 2000.

Rogosz János: *Örkény község története.* Örkény, 2001.

Róka Enikő: *Zichy Mihály.* Bp., 2001.

Sallay Zsolt (szerk.): 100 éves a Miskolci – Erzsébet – Semmelweis Kórház. Jubileumi Évkönyv. Miskolc, 2000.

Schmall Lajos: *Buda-Pest utczái és terei. Adatok a Buda-Pesti utczák és terek elnevezéséhez és történetéhez.* Bp., é. n.

Sinkó Katalin: *A nemzeti emlékmű és a nemzeti tudat változásai.* In: Kovács: *Monumentumok.*

Somogyi Ede (felelős szerk.): *Ország–Világ. Képes lap a magyar művelt közönség számára.* Bp., 1902. június 29. száma.

*Sopron és környéke műemlékei.* Bp., 1953.

Spigler Gyula Sámuel: *Adalékok Székesfőváros 10 kerületének oknyomozó történetéhez.* Bp., 1914.

Spigler Gyula Sámuel: *Adalékok Székesfőváros Teréz- és Erzsébetváros történetéhez.* Bp., 1914.

Stróbl Mihály: *A gránitoroszlán: Stróbl Alajos.* Bp., 2003.

Szabó Ferenc (szerk.): *Hódmezővásárhely története II. A polgári forradalomtól az őszirózsás forradalomig 1848–1918.* Hódmezővásárhely, 1993.

Szabó Lajos–Zsoldos István: *Fejezetek Kisújszállás történetéből.* Szolnok, 1969.

Szabó Margit: *Erzsébet királyné a budai hegyekben.* Hegyvidékünk Gyöngyszemei sorozat 9., Bp., 2004.

Szalay Imre: *Az Erzsébet Királyné Emlékmúzeum.* Bp., 1911.

Száraz Miklós György–Tóth Zoltán: *Emléklapok a régi Magyarországról.* 2002.

Szarka Józsefné: *A Budavári Palotában születtem. Visszaemlékezéseim a XX. századra.* Bp., 2006.

Szentes Éva–Hargittay Emil: *Irodalmi Kávéházak Pesten és Budán.* Bp., 1997.

Szűcs László: *Nagykanizsa város utcáinak, tereinek, köztéri szobrainak és emléktábláinak jegyzéke 1753–1969.* Nagykanizsa, 1970.

Takács Ferenc (szerk.): *Mátyásföld 110 éves (1887–1997).* Képeslap Album. Mátyásföld, 1997.

Thirring Gusztáv–Vigyázó: *Részletes helyi kalauzok. Kőszeg és környékének részletes kalauza.* Bp., 1928.

Tolnayné Kiss Mária (vál., sajtó alá rend., jegyz. ellátta): *Kedves Idám! Erzsébet királyné, Ferenc József, Andrássy Gyula és Schratt Katalin levelei Ferenczy Idához.* Bp., 1992.

Tolnayné Kiss Mária (vál., sajtó alá rend., jegyz. ellátta): *„Sirály vagyok, sehová se való...". Útközben Erzsébet királynéval.* Bp., 1998.

Tonelli Sándor: *Szeged. Ismertető a város multjáról és jelenéről.* Szeged, 1936.

Tonelli Sándor: *Utazás Erdélyben és Erdély körül.* Bp., é. n.

Tóth Vilmos: *A három évtizedig tervezett emlékmű.* Népszabadság Pestvidék melléklet, 2002. szeptember 26.

Török Pál: *Győri kalauz.* Győr, 1920.

*Vágvölgyi kalauz.* h. n. 1914.

Varga Kálmán: *A gödöllői kastély évszázadai.* Bp., 2003.

Vasárnapi Ujság 1895–1905 közötti évfolyamai.

Vér Eszter Virág: *Erzsébet-kultusz I. Erzsébet királyné magyarországi kultusza emlékezethelyei tükrében 1898–1914 között.* In: *Budapesti Negyed,* 2006. nyár.

Vér Eszter Virág: *Erzsébet-kultusz II. Szöveggyűjtemény.* In: *Budapesti Negyed,* 2006. ősz.

Vidéky Emil: *Séta a Szent Gellérthegy körül.* Bp., 1924.

Voledi I.: *Arad kis útikalauz.* Bukarest, 1966.

Winkler Gábor: *Győr 1539–1939*. Győr, 1998.

Zádor Mihály: *Kaposvár*. Bp., 1964.

Zahoránszky Ibolya (szerk.): *Máramarosi Hírnök – Millenniumi Album 2000*. Máramarossziget, 2000.

Zákony Ferenc: *Balatonfüred. Adalékok Balatonfüred történetéhez a kezdetektől 1945-ig*. Veszprém, 1988.

Zsemley Oszkár (szerk.): *Rákospalota és Rákosvidék*. Magyar Városok és Vármegyék monográfiája. Bp., 1938.

## ARTIKEL IM INTERNET:

www.balatonlelle.hu Katus Lajos: Megújult gyártelep Balatonlellén. Balatonlelle Önkormányzati Portál, 2004.11.19.

www.c-travel.hu Erzsébet Királyné Park Hotel – Parádfürdő

www.kereso.hu

www.komarom.sk

www.kossuth-saujhely.sulinet.hu/evkonyv/diak/nemeth.html Németh Csaba: A szociális gondoskodás fajtái és intézményei (egyházi, állami, magán) lakóhelyemen 1945 előtt

www.mimi.hu/magyartaj/erzsebet.html Paks-Erzsébet szálló

www.pi-rs.sk/rs/huweb/fotogal.html Rimaszombat fényképeken

www.poli.hu/attila/sziget/tort/tempzpr.htm Zolopcsuk Pál Róbert: Máramarossziget építészeti fejlődése 1887–1914 között *Máramarossziget*, 2000. jan. 17.

www.sopron.hu/setak/setak3.html

www.villamosok.hu/vza/sopron

www.wikipedia.org

www.zenta.org Marcsók Eszter: A Bega

# DANKSAGUNG

## DIE AUTORINNEN BEDANKEN SICH BEI DEN NACHSTEHEND GENANNTEN PERSONEN UND EINRICHTUNGEN FÜR IHRE HILFE BEIM SCHREIBEN DIESES BUCHES.

Béla Balázs (Tokaji Múzeum [Museum Tokaj])

Dr. Katalin Csapó (Magyar Kereskedelmi és Vendéglátóipari Múzeum [Ungarisches Handels- und Gastronomiemuseum], Budapest)

Zsófia Csák (Savaria Múzeum [Savaria-Museum], Szombathely)

Mária Cseh, Anita Szarka (Országos Széchényi Könyvtár [Széchényi-Nationalbibliothek], Budapest)

Mária Tomor Gubuczné (Kisújszállás)

Dr. Éva Gyulai (B. A. Z. Megyei Múzeumi Igazgatóság [Museumsdirektion des Komitats Borsod-Abaúj-Zemplén], Miskolc)

Pál Hegedűs (Kisbér)

István Kazinczy (Körösladányi Helytörténeti Gyűjtemény [Lokalgeschichtliche Sammlung Körösladány])

Eszter Bakonyi Kerényiné (Gödöllői Városi Múzeum [Stadtmuseum Gödöllő])

István Kiss (Lepsény)

Tamás Kiss (Semmelweis Orvostudományi Múzeum Könyvtára [Bibliothek des Semmelweis-Museums für Medizin], Budapest)

Zsuzsa Kuny (Thúry György Múzeum [Thúry-György-Museum], Nagykanizsa)

Judit Laczkó (Örkény)

Mihály Novák (Budapest)

Patrícia Pálinkás (Gödöllő)

Zsuzsanna Rácz (Budapesti Történeti Múzeum, Kiscelli Múzeum [Historisches Museum der Stadt Budapest, Kisceller Museum])

Kálmán Róka (Szada)

Zsuzsanna Siklós (Kispesti Helytörténeti Gyűjtemény [Lokalgeschichtliche Sammlung Kispest], Budapest)

Imre Söptei (Vas Megyei Levéltár [Archiv des Komitats Vas], Kőszeg)

Mária Kocsis Vargáné (Radó Antal Városi Könyvtár [Radó-Antal-Stadtbücherei], Mór)

Teréz Gluck Wernerné (Bóly)

Dr. Mihály T. Révész und Tibor Gönczi (Gödöllői Királyi Kastély Kht.) [Vorstände der Gemeinnützigen Gesellschaft Königliches Schloss Gödöllő])

Ildikó Faludi und János Papházi (Gödöllői Királyi Kastély Múzeum [Museum im Königlichen Schloss Gödöllő])

Verantwortlicher Verleger: András Sándor Kocsis,
Präsident und Generaldirektor der Kossuth Verlag AG
Der Verlag ist Mitglied der 1795 gegründeten
Vereinigung Ungarischer Buchverlage und Buchhändler
Technische Leitung: Ilona Badics
www.kossuth.hu / E-Mail: kiado@kossuth.hu

Druck und Bindung: Alföldi Nyomda zRt.
Verantwortlicher Leiter: Géza György, Direktor

PEREDMÉR
TRENCSÉN-TEPLIC
TRENCSÉN
KORITNICA (fürdő)
Vág
PÖSTYÉN
NAGY-SZOMBAT
ARANYOSMARÓT
SELMECBÁNYA
RIMASZOMBAT
MÁRIAVÖLGY
Garam
Nyitra
Vág
KOMJÁT
BALASSAGYARMAT
PARÁD (fürdő)
Ipoly
Enns
Duna
Fertő
KOMÁROM
DUNABOGDÁNY
SOPRON
GYŐR
GÖDÖLLŐ
BUDAPEST
KISBÉR
Rába
KŐSZEG
ZIRC
MÓR
Zagyva
VESZPRÉM
Séd
ADONY
ÖRKÉNY
NYIRÁD
LEPSÉNY
BALATONFÜRED
Zala
Balaton
CECE
Duna
DUNAFÖLDVÁR
KESZTHELY
BALATONLELLE
Sió
PAKS
NAGYKANIZSA
Mura
KAPOSVÁR
Dráva
SZEGED
BAJA
PÉCS
SZABADKA
NÉMETBÓLY
Dráva
ZOMBOR
Száva
PÉLMONOSTOR
Dráva
ÚJVERBÁSZ
Tisza
ÚJVIDÉK
Száva
Duna
Drina